Ruth Polanco

Testimonios de una mujer
RESILIENTE

BARKERBOOKS

BARKERBOOKS

TESTIMONIOS DE UNA MUJER RESILIENTE
Derechos Reservados. © 2023, **RUTH E. POLANCO**

Edición: Alexis González | BARKER BOOKS®
Diseño de Portada: Vanessa Martínez | BARKER BOOKS®
Diseño de Interiores: Vanessa Martínez | BARKER BOOKS®

Primera edición. Publicado por BARKER BOOKS®

I.S.B.N. Paperback | 979-8-89204-063-1
I.S.B.N. Hardcover | 979-8-89204-064-8
I.S.B.N. eBook | 979-8-89204-062-4

Derechos de Autor - Número de control Library of Congress: 1-12969657862

Barker Publishing, LLC
500 Broadway 218, Santa Monica, CA 90401
https://barkerbooks.com
publishing@barkerbooks.com

CONTENIDO

INTRODUCCIÓN

En el mes de abril 2021, estuve en un campamento de damas de la iglesia IPDA en Pennsylvania, con el tema: "MUJER RESILIENTE A PRUEBA DE TODO". Yo nunca había escuchado el término resiliencia, pero cuando comenzaron a desarrollar el tema, el Espíritu Santo comenzó a tratar conmigo, y fueron llegando a mi memoria todos esos procesos por lo que había pasado a través de los cuales puedo decir que me convertí en una mujer resiliente.

Después del campamento, continuamente estaba meditando en cómo Dios había obrado en mí en cada circunstancia difícil que me permitió vivir hasta convertirme en una guerrera, una mujer de fe, ya que fui procesada en todas las áreas de mi vida; física, emocional, familiar, económica....

En el campamento hubo una tarde de testimonios y cada uno de esos testimonios edificó y fortaleció cada una de esas áreas de mi vida en las que había sido procesada. Fue entonces que llegó a mi mente la idea de escribir un libro de testimonios, porque son muchos los testimonios que dan entendimiento de que Dios puede edificar muchas vidas a través de los testimonios. Hay un coro que dice:

> *Yo soy testigo del poder de Dios*
> *de los milagros que él ha hecho en mí,*
> *yo era ciego más ahora veo la luz gloriosa*
> *que me da Jesús.*
> *Nunca, nunca, nunca me ha dejado*
> *Nunca, nunca me ha desamparado*
> *en la noche oscura, en la prueba dura,*
> *Jesucristo nunca me desamparará.*

Ese coro me describe; yo soy testigo del poder de Dios. Por eso el propósito de este libro no es narrar la historia de mi vida, ni voy a contar sucesos en un orden cronológico. Pretendo dar a conocer cómo a través de mis procesos aprendí a confiar en las promesas de Dios, empecé a caminar por encima de las circunstancias, a someterme a Dios y a depender de su misericordia, y cómo lo he visto glorificarse. Porque tú nos probaste, oh Dios; Nos ensayaste como se afina la plata. Nos metiste en la red; pusiste sobre nuestros lomos pesada carga. Hiciste cabalgar hombres sobre nuestra cabeza; Pasamos por el fuego y por el agua, y nos sacaste a abundancia. Salmos 66: 10- 12

LA RESILIENCIA

Me es necesario hablar un poco acerca del término resiliencia, pues sé que para muchas personas es una palabra desconocida, en mi caso, nunca había escuchado el término hasta que vi el tema en el campamento de damas.

Pude encontrar varias definiciones de resiliencia. Según la Real Academia Española (RAE): La resiliencia es la capacidad de adaptación de un ser vivo frente a un agente perturbador o un estado de situación adverso.

Resiliencia deriva del término latín resilio, resilire, que significa saltar hacia atrás, rebotar, volver atrás, volver de un salto. Es un término que se toma de la resistencia de los materiales que se doblan sin romperse para recuperar la situación o forma original (tomado de Wikipedia).

Otras definiciones:

Resiliencia es la inefable capacidad que le permite a ciertas personas anteponerse a las adversidades que se le presentan en la vida diaria. Permite desarrollar conducta positiva ante el estrés, las amenazas o algún conflicto.

Resiliencia en psicología se describe como la capacidad que tiene una persona para superar circunstancias traumáticas como la muerte de un ser querido, un accidente, una enfermedad, etc. La resiliencia es la capacidad de afrontar la adversidad. Desde la neurociencia se considera que las personas más resilientes tienen mayor equilibrio emocional frente a las situaciones de estrés, soportando mejor la presión; podría decirse que la resiliencia es la entereza más allá de la resistencia. Tomado de: (Oleph.org.mx2021).

Según el Diccionario Oxford Language, la palabra resiliencia se refiere a la capacidad de sobreponerse a momentos críticos y adaptarse luego de experimentar alguna situación inusual e inesperada. Ahora bien, se denomina resiliente a aquella persona que, en medio de una situación particularmente adversa, es asertiva en tomar decisiones y convierte el dolor en una virtud.

Una persona resiliente es aquella que posee la capacidad de hacer frente a sus propios problemas, superar los obstáculos y no ceder a la presión, independientemente de la situación. La persona resiliente tiene la capacidad de sobreponerse a periodos de dolor emocional y traumas, manteniendo su entereza.

El desarrollo de la resiliencia es esencial para determinar la confianza, optimismo, autoestima, y para desarrollar la capacidad de superación ante las adversidades.

Son sinónimos de resiliencia: entereza, resistencia, flexibilidad, fortaleza y solidez. Yo lo relaciono con los frutos del Espíritu mencionados en Gálatas 5:12 que son: templanza y dominio propio. Desde el punto de vista espiritual, creo que todo cristiano maduro, es resiliente porque conoce a Dios y es hacedor de su Palabra. El cristiano maduro se viste de toda la armadura de Dios para poder resistir en el día malo y habiendo acabado todo, debe mantenerse firme. Efesios 6:13.

"Más allá de dejarse vencer por las circunstancias, el fracaso o las dificultades, las personas resilientes siempre encuentran una forma de "renacer desde las cenizas". Ser una persona resiliente significa permitir que la experiencia traumática nos atraviese, aprender de ella y luego ser capaz de dejar atrás el sufrimiento que ha causado. Esto no quiere decir que las personas resilientes no sufran o sean insensibles a las tragedias, sin embargo, en vez de dejarse llevar por el dolor, saben superar el trauma y obtener aprendizaje de lo ocurrido". (Tomado de: FIATC Seguros blog).

En medio de uno de los procesos más difíciles que pasé en mi vida, hubo una hermana que me dio una palabra que marcó mi vida y me enseñó a ser resiliente. Ella me dijo: "Recuerda siempre que todo lo que Dios permita en tu vida es para Él glorificarse". Esa palabra se hizo rema en mi vida y ante cualquier circunstancia que se me presentaba a partir de ahí, siempre tuve la certeza de que Dios tenía un propósito y que Él se iba a glorificar; aprendí a creer en las promesas de Dios y no en las mentiras del diablo, que Dios nos da una paz que sobrepasa todo entendimiento, y que:

El gozo del Señor es mi fortaleza (Nehemías 8:10). Todo lo puedo en Cristo que me fortalece. (Filipenses 4:13). A los que aman a Dios, todas las cosas le ayudan a bien. (Romanos 8:28). Que, ¿pues diremos a esto? Si Dios es por nosotros, ¿quién contra nosotros? (Romanos 8:31). Antes, en todas estas cosas somos más que vencedores por medio de aquel que nos amó. (Romanos 8:37)

PERDIENDO EL TEMOR

Yo nací y crecí en la provincia de San Cristóbal en República Dominicana. Desde pequeña fui atormentada por los demonios. Yo los veía y siempre tenía pesadillas donde era perseguida por demonios en forma de diferentes animales. Mi mamá siempre me contaba las malas noches que pasaba conmigo, me decía que yo me despertaba llorando y mostrándole cosas que ella no veía, pero que yo le decía; "míralo ahí mami", y lloraba por horas. También me dijo que, en una ocasión, una vecina cristiana le había dicho que había que orar por mí, porque ella había visto lo que me atormentaba y que era algo horrible. De todo eso, solo recuerdo una cabeza que flotaba y se paraba delante de la cama y me miraba de una forma espeluznante, así que crecí temiéndole a los demonios y también le tenía terror a la muerte.

Mi mamá había sido cristiana en su juventud, y aunque estaba descarriada, siempre nos hablaba de Dios, de manera que mis hermanos y yo crecimos con el temor de Dios, y aunque ella no iba a la iglesia, siempre nos mandaba a la escuela Bíblica.

Yo me convertí al Señor a la edad de doce años, y siempre fui fervorosa y entusiasta en el servicio al Señor. A los trece años comencé a dar clases bíblicas a los más pequeños, participaba en el coro de la iglesia, también estaba en el grupo de drama y poesía coreada. Asistía a todos los campamentos, retiros, congresos y conferencias que realizaba la iglesia, también participaba en competencias bíblicas a nivel nacional. Pero a pesar de una vida tan activa en el evangelio, seguía teniendo pesadillas con los demonios y seguía temiéndole a la muerte. La iglesia donde me congregaba no cree en la obra activa del Espíritu Santo, no cree en el bautismo del Espíritu Santo, ni el hablar en lenguas, ni que Dios habla aparte de las Escrituras ni tampoco cree en el ministerio de la mujer, pero Dios comenzó a tratar conmigo más allá de la doctrina de la iglesia.

Una noche en medio de una de esas pesadillas, iba corriendo, perseguida por muchos animales y llegué a casa de mi abuela; logré entrar y cerrar la puerta, pero los animales afuera empujaban la puerta tratando de entrar. Yo estaba muy asustada, entonces escuché una voz que me dijo: *"Yo no te he dado a ti espíritu de cobardía, sino de amor, de poder y de dominio propio"*. En ese momento se fue mi temor, abrí la puerta, salí y enfrenté a los animales, y ellos huyeron de mí. Mucho tiempo después entendí que Dios me había dado la autoridad para reprender a los demonios, pero fue muy dura la batalla que tuve que pelear para reconocer y usar esa autoridad. Ese proceso lo estaré tratando más adelante en este libro.

PROMESA DE VIDA

Tengo tres hijos, dos varones y una hembra. Mis mayores procesos fueron con mis hijos, cada uno de ellos tuvo un diagnóstico o pronóstico de muerte desde antes de nacer y en diferentes etapas de sus vidas, por eso voy a testificar sobre cada uno de ellos, cómo los vi a cada uno al borde de la muerte, uno de ellos desahuciado, y a Dios glorificarse en cada una de las circunstancias por las que atravesamos.

En una ocasión el Señor me mostró cada una de esas ocasiones en que mis hijos estuvieron al borde de la muerte, y me dijo que satanás le había pedido la vida de cada uno de ellos, pero él se la había negado. En cuanto a mí, el enemigo me dio hasta fecha de muerte a través de un sueño, en el año 2002. En el sueño se mostraba mi ciclo de vida, era algo así como una carta astral, y me decían que mi ciclo de vida terminaba en el año 2006. Yo quedé bastante turbada e impresionada por un tiempo, todavía no había superado el temor a la muerte, así que comencé a orar pidiéndole a Dios que, si era de parte de él ese sueño, que me quitara el temor y me ayudara a estar preparada. Pero lo que más me entristecía era pensar en qué sería de mis hijos si yo faltaba, pero entendí que Dios tenía el control.

Después de un tiempo, dejé de preocuparme por el sueño, ya casi no pensaba en eso, pero cuando llegó el 2006, tuve el mismo sueño y me dijeron: "Recuerda que este es el año en que termina tu ciclo de vida". Entonces me angustié y volví a pedirle a Dios que, si era de parte de Él, me quitara toda angustia y toda aflicción, que me quitara el temor y me ayudara a estar preparada. No comenté el sueño con nadie, procuré afianzarme cada día más en Dios, quería agradarle en todo, quería estar preparada. También comencé a instruir a mis hijos para que fueran lo más independientes posible para su edad, en caso de que yo les faltara.

En el mes de mayo de ese año 2006, tuvimos una conferencia de damas donde asistieron mujeres invitadas de otras ciudades. La conferencia fue un sábado, desde la mañana, y fue un tiempo glorioso. En ese entonces, yo era la presidenta de las damas en la iglesia, así que al final de la conferencia me quedé hablando con algunas de las hermanas que nos visitaba. Una de esas damas que había ido de la ciudad de Santiago se acercó a mí, no la conocía, fue la primera y única vez que la vi. Ella se paró delante de mí y me dijo: "Oye, te dice el Señor que tu ciclo de vida no termina ahora; tú no vas a morir porque Él a ti te ha dado largura de días, y años de vida, y paz te han sido aumentados". Quedé literalmente en shock, por un rato no pude reaccionar ni pronunciar palabra, mientras ella seguía ministrándome. Cuando pude hablar entonces le comenté a esa hermana los sueños que había tenido, y ahí entendí que no eran de parte de Dios, sino que como el enemigo conocía mi temor a la muerte, quiso intimidarme con eso, pero Dios le permitió darme esos sueños, porque así aprendí a perder el temor a la muerte.

Después de eso, como presidenta de las damas, siempre visitaba los hogares de las hermanas de la iglesia que tenían necesidad de oración, de palabra de aliento o lo que mostrara el Señor. Una hermana me llamó y me dijo que necesitaba con urgencia oración de liberación en su casa. Yo me puse de acuerdo con dos hermanas más, nos preparamos y fuimos en el tiempo acordado para orar. Tan pronto llegamos sentimos la presencia demoníaca en la casa y la hermana nos contó todas las cosas que estaban aconteciendo en su hogar. Comenzamos a orar y a reprender, y fue algo tan poderoso que todas pudimos sentir cuando los demonios salieron de la casa.

Pero esa noche yo soñé que estaba en un lugar donde estaban todas las personas conocidas que habían muerto y yo comenté: "Quién iba a decir que ellos estarían muertos ahora". Y entonces escuché una voz detrás de mí que dijo: "¿Y quién te iba a decir a ti que tú estarías muerta a esta hora?", entonces yo le respondí: "Yo no puedo estar muerta, porque a mí el Señor me ha prometido largura de días y años de vida y paz me fueron aumentados, y yo le creo a Dios". Inmediatamente dije eso, desperté y me estaba asfixiando, mi garganta estaba cerrada, no podía respirar, en mi mente clamé a Dios y poco a poco comencé a respirar de nuevo, pero fue tanto el dolor en mi cuello y garganta que al otro día no pude levantarme para ir a trabajar. A media mañana me llamó una de las hermanas que había ido conmigo a orar y me preguntó qué había pasado conmigo durante la noche, porque el Señor le había mostrado que un demonio muy poderoso de los que habíamos reprendido la noche anterior había ido a mi casa para atacarme y que el Señor la puso a interceder por mí; entonces le conté lo que me había pasado.

De esa experiencia aprendí cómo debemos cubrirnos y cubrir nuestras casas cuando vamos a hacer guerra espiritual y también aprendí cómo el usar la Palabra, esa promesa de vida que Dios me había dado, me salvó la vida en esa ocasión.

"Porque las almas de nuestra milicia no son carnales, sino poderosas en Dios para la destrucción de fortalezas".

2da Corintios 10:4

MI HIJO JOSUÉ

Ya les había mencionado que, en una ocasión, el Señor me dijo que el enemigo le había pedido la vida de cada uno de mis hijos y que él, se la había negado, así que dedicaré un capítulo a cada uno de mis hijos para testificar los procesos que pasé con cada uno de ellos y como vi a Dios glorificarse en cada proceso.

Mi sueño era ser doctora, así que, aunque no tenía los recursos, entré a la escuela de medicina. La universidad estaba en la capital, así que tenía que viajar todos los días. Mi mamá vendía arepa, pan de batata, domplines... cualquier cosa para ayudarme con los pasajes y los gastos de la universidad, pero no era suficiente, así que, comencé a trabajar. Iba sobrellevando la escuela de medicina y el trabajo, pero mi novio vivía solo y estaba impaciente por casarse, así que me casé a la edad de veintidós años y a los tres meses quedé embarazada.

Estaba feliz, prácticamente no hice malestar, no tuve náuseas ni mareos, mi embarazo iba muy normal, hasta que un día, teniendo ya cinco meses de embarazo estando en el trabajo, me dieron unos dolores muy fuertes, al punto de faltarme la respiración, ponerme pálida y sudar frío, enseguida me llevaron a la unidad médica de la empresa donde trabajaba, cuando me examinaron, me dijeron que debía ir al hospital porque ellos no sentían ninguna actividad fetal.

Mi esposo me llevó al hospital de maternidad y cuando me examinaron me preguntaron que, si yo estaba segura de estar embarazada, me dijeron: "Su vientre no es de una mujer embarazada y no se siente ni se escucha ninguna actividad fetal". En realidad después que me dieron los dolores mi vientre se había puesto blandito y no estaba muy abultado de manera que con cinco meses todavía usaba ropa normal, solo mis senos habían aumentado de tamaño, pero cuando los médicos me dijeron eso, sentí que mi corazón se detuvo un momento, mi esposo comenzó a llorar pero yo no lloré, solo dije: "Señor, dame una señal de que mi hijo está vivo", y en ese mismo momento sentí un pequeño movimiento en mi vientre, entonces sentí paz y le dije a mi esposo que no se preocupara, que aunque los médicos no lo sintieran, yo sabía que mi hijo estaba bien. Me mandaron a hacer la sonografía para determinar la vitalidad fetal y cuando me hicieron la sonografía, el sonografista me dice: "¿Cómo es posible que no lo sintieran?, ese muchacho se mueve más que un pelotero y no se preocupe, su hijo está perfectamente bien". Solo exclamé: "¡Gloria a Dios!". Estuve unos días en reposo y el dolor no me volvió a dar.

Tenía una vida muy agitada, iba a la universidad en la mañana y al trabajo en la tarde, trabajaba de tres de la tarde a once de la noche en una empresa de zona franca, mi esposo trabajaba en otra empresa de la misma zona franca, de manera que íbamos juntos al trabajo y en las mañanas, él se ocupaba de los quehaceres del hogar en lo que yo iba a la universidad.

Cuando cumplí los siete meses de embarazo, un día estaba parada con un grupo de compañeros de trabajo esperando el transporte que nos llevaba a la planta donde trabajaba. Yo estaba de espalda a la calle hablando con una de mis compañeras, cuando de pronto ella se alarma y hecha un grito, en ese momento sentí un fuerte impacto en mi espalda y acto seguido estaba volando por los aires y cayendo de espalda sobre el motor que me había atropellado. Mi útero, literalmente se salió de su sitio y se metió en mis costillas del lado izquierdo. Quien me atropelló fue un compañero de trabajo, que, al ver el grupo reunido, quiso ir a saludar, pero iba demasiado rápido y al tratar de detenerse perdió el control. Por suerte estábamos casi al frente de una clínica, así que me levantaron y me llevaron a la clínica donde me estabilizaron los signos vitales y me sedaron, pero mi barriga estaba completamente para un lado, el doctor trato de moverla, pero no pudo. En poco tiempo la clínica estaba llena de mis familiares, vecinos y hermanos de la iglesia. Tan pronto los hermanos oraron y pusieron las manos sobre mi vientre, mi útero volvió a su posición. En eso fueron a buscarme para hacerme la sonografía y para sorpresa de todos, mi hijo estaba completamente bien, a pesar del fuerte golpe en mi espalda, que de la mitad hacia abajo tenía un gran moretón, no hubo ningún desprendimiento, no hubo sangrado, no se afectó mi embarazo; Dios guardó a mi hijo una vez más. Pasé varios días con dolor, y en reposo, pero mi embarazo siguió bien.

Llegué a las cuarenta semanas y tres días antes de dar a luz tuve un sueño, en el cual caía al mar y una corriente me arrastró a las profundidades a un lugar maravilloso, indescriptible. La corriente me iba llevando lentamente para que yo pudiera observar todo y yo pensaba: "Yo sé que esto que estoy mirando es una visión celestial y que si salgo de aquí no voy a poder recordarlo, porque esto es muy sublime para que un ser humano viva y lo recuerde". Lo único que recuerdo de esa visión es que había muchas flores. Después la corriente me llevó hacia arriba pero no me sacó a la superficie, entonces pude ver a mi mamá y a uno de mis hermanos que me buscaban, ellos caminaban por la orilla mirando en el agua a ver si me veían y escuché que mi mamá dijo: "Yo sé que ella está viva porque yo escucho los latidos de su corazón". Y cuando ellos lograron verme, entonces desperté y lo único que recordaba de lo que había visto eran las flores, sé que había muchas flores blancas, pero ningún tipo de flor conocida.

Al tercer día del sueño me comenzaron las contracciones, un viernes en la noche. Para el sábado las contracciones estaban muy fuertes, así que fui al hospital, pero no había dilatado y me devolvieron a la casa. El sábado en la noche las contracciones estaban muy fuertes y seguidas, volví al hospital y el doctor que me recibió me dijo que probablemente tendrían que hacerme cesárea, porque, aunque tenía las contracciones tan fuertes y seguidas, no dilataba ni había roto fuente. Las horas fueron pasando y seguía igual, cuando llegó el cambio de turno, le explicaron a la doctora entrante mi condición y que estuviera pendiente para cesárea, pero parece que el enemigo me borró de la mente de esa doctora porque ella jamás volvió a examinarme, así amanecí con un dolor tras otro sin que nadie me atendiera.

Cuando mi mamá llegó en la mañana y me vio cómo estaba, salió a buscar a la doctora, la encontró en la cafetería y le quitó el desayuno de la mano y le dijo que si ella pensaba dejar morir a su hija. Cuando la doctora fue, me llevaron inmediatamente a sala de parto y me rompieron la fuente, pero inmediatamente comencé a sangrar. Mandaron a buscar a otros médicos, ellos se reunieron cerca de mí y los escuché decir: "Vamos a salvarla a ella porque ya la criatura se perdió". Cuando escuché eso comencé a clamar al Señor que mi hijo no se perdiera, porque, aunque para los médicos ya estaba muerto, yo jamás lo creí así. La enfermera me dijo: "No te apures mi hija, yo te voy a ayudar", y comenzó a subirse en mi vientre para empujar el niño hacia abajo, ya, yo no tenía fuerzas para pujar. Me pusieron suero en los dos brazos, me ponían inyecciones para detener la hemorragia y tuvieron que hacerme tres cortes, pero el niño no nacía. Cuando sentí que me desvanecía, con las pocas fuerzas que me quedaban grité: "Ayúdame, Jehová", y mi hijo nació. Estaba cianótico, no lloró, pero vi como un pequeño temblor en su cuerpo y les dije: "Por favor, no me lo dejen morir", ni siquiera me lo enseñaron, salieron corriendo con él y los médicos seguían luchando por detener la hemorragia, así que introdujeron un puño en mi vientre para hacer presión por un buen rato hasta que se detuvo el sangrado. Al niño me lo llevaron seis horas después y me dijeron que ya estaba fuera de peligro.

Al otro día me dieron de alta, pero la falta de sangre me puso nerviosa, cuando me dormía me espantaba y me despertaba con taquicardia. En uno de esos espantos salté de la cama y se me rompieron todos los puntos. Cogí una infección terrible, pero no voy a abundar sobre el largo y doloroso proceso de recuperación, solo quiero resaltar que una vez más, mi hijo fue declarado muerto antes de nacer, pero yo en ningún momento acepté el diagnóstico de muerte, en las tres ocasiones, confíe en que Dios tenía el dominio y el control, sabía que él estaba conmigo y él se glorificó.

"Jesús le dijo: ¿no te he dicho que, si crees,
verás la gloria de Dios?".

Juan 11:40

TRASTORNOS DEL DESARROLLO

Josué nació de seis libras y media, pero comenzó a crecer y engordar de manera acelerada, aumentaba cuatro libras por mes y su apetito era insaciable, parecía que nunca se llenaba. Yo lo amamanté los primeros tres meses, pero cuando volví a trabajar y comenzó a usar biberón, ya no quería el pecho, pero se tomaba ocho onzas de leche y se quedaba llorando, así que comencé a darle doce onzas de leche, si le daba compotas tenía que darle dos. Y por más que trataba de controlarle la comida, él se ponía más ansioso por comer, así que, al cumplir el año el pesaba más de treinta libras y tenía la estatura de un niño de dos años. Para cuando cumplió los dieciocho meses, su comportamiento comenzó a cambiar, se puso completamente hiperactivo y agresivo. Yo, entendiendo que el comportamiento de mi hijo no era normal, decidí llevarlo al psicólogo.

La doctora que lo evaluó me dijo: "Su niño no es hiperactivo, es hiperkinético, que es mucho más que hiperactivo". En internet encontré que la conducta hiperkinética es un tipo de conducta que se caracteriza por inquietud y desasosiego, falta de atención y movimiento muscular excesivo y que la hiperkinecia ha recibido varios nombres como: Disfunción Cerebral Mínima, Hiperactividad, y Trastorno por Déficit de Atención. La doctora me dijo que tratara de mantenerlo todo el tiempo ocupado en lo que se hacía el electroencefalograma y tenía los resultados.

Yo le compré muchos juguetes, plastilina, crayolas, papel, libretas y un sin fin de cosas para entretenerlo y tenerlo ocupado, pero él no se detenía cinco minutos en ninguna actividad, todo lo rompía, todo lo tiraba, todo lo que tenía a su alcance lo destruía. Si estaba con otros niños, él jugaba por un momento, pero después los mordía, los golpeaba y les rompía los juguetes. Tenía que estar todo el tiempo pendiente de él y sufrir la pena de ver como mi hijo comenzó a ser rechazado, nadie quería bregar con él y los otros padres no lo querían cerca de sus hijos, con toda su razón. En la iglesia no podía tenerlo quieto, siempre tenía que salir del culto y varias veces me llamaron la atención y me dijeron que yo no sabía disciplinar ni controlar a mi hijo. Yo me sentía impotente, frustrada, muchas veces avergonzada, oraba y lloraba delante del señor y le pedía sabiduría para bregar con mi hijo. Mi esposo no me dio mucho apoyo, él no quería que lo llevara al psicólogo porque su hijo no era loco, me decía que era travieso y que cuando creciera iba a cambiar, pero él mismo no le tenía mucha paciencia.

Cuando lo llevé para hacerle el electro, les descubrieron una reacción adversa a los medicamentos; lo que le dieron para sedarlo, lo alteró completamente. El niño gritaba y brincaba como loco, cuando el médico lo escuchó, salió del consultorio y me preguntó si se había puesto así después que le dieron el medicamento para sedarlo, yo le dije que sí e inmediatamente lo entró al consultorio y lo inyectaron. El doctor me dijo que debía tener en cuenta para cualquier tratamiento esa reacción, ya que lo que debía sedarlo, lo excitaba.

El resultado del ECG fue irritabilidad en los lóbulos frontal y parietal, por lo que me mandaron al psiquiatra porque el niño tenía que ser medicado. Fui al psiquiatra, le indicaron unas gotas pero, nada cambió, él se puso peor, desarrollo un trastorno llamado "pica", que es un trastorno psiquiátrico relativamente raro que es más común en niños que en adultos y se caracteriza por el consumo persistente de cosas no nutritivas, no alimenticias como: pintura, suciedad, goma, tiza, hilo, cartón, tierra, etc. (Mindyra.com). Josué comenzó a comer tierra, cartón, papel, jabón, se bebía el champú y todo lo que le llegara a la mano. Fueron muchas las veces que corrí con él a emergencias. En una ocasión comió cemento de construcción, ese día me fui al hospital Angelita en la capital, le hicieron un lavado de estómago y lo purgaron con aceite de ricino. Fueron tantas las situaciones que me vi al borde de un colapso nervioso.

Cuando llegó a la edad escolar, lo inscribí en un colegio cristiano, pero desde el primer día comenzaron a darme quejas sobre el comportamiento del niño. Trataron de ayudarlo a adaptarse, pero todos los días había una queja diferente; golpeaba a los otros niños, rompía los útiles, y cuando la profesora trataba de agarrarlo, la mordía, así que al mes, me dijeron que ya no podían tenerlo más, que de ninguna manera habían podido controlarlo y que el niño necesitaba educación especial. Lo llevé a la escuela de educación especial, el resultado de la evaluación fue que Josué tenía un retraso mental de dos años que en cierta medida era superable, él necesitaba educación especial y todo tipo de terapia: terapia de apoyo, terapia ocupacional, terapia del habla y terapia de aprendizaje.

La escuela de educación especial no tenía cupo porque tenían demasiados niños en lista de espera, para lo único que tenían cupo era para la terapia del habla, así que comencé a llevarlo dos veces a la semana a la terapia del habla y ellos me instruyeron para darle la terapia ocupacional y de aprendizaje en la casa. Pero yo tenía que trabajar, no podía estar todo el tiempo con mi hijo en la casa, así que oraba pidiéndole dirección y sabiduría a Dios, hasta que el Señor iluminó a la psicóloga que lo estaba tratando y me dijo: "Como el niño tiene reacción adversa a los medicamentos de tipo neurológico, quizás el café lo tranquilice, así que comience a darle café en la primera leche de la mañana a ver cómo le va". Y así lo hice, comencé a darle café en la mañana y gloria a Dios, Josué se tranquilizaba de manera que pude inscribirlo de nuevo en la escuela. Pero fue pasando el tiempo en la escuela y Josué no aprendía nada y cuando comenzó a escribir, todo lo escribía al revés.

Para ese tiempo, yo había tenido que dejar la universidad, no podía seguir yendo a la universidad en la mañana y al trabajo en la tarde, tenía que dedicarle tiempo a Josué y nadie quería bregar con él. Gracias a Dios conseguí una beca para estudiar educación y las clases eran solamente los sábados. Mientras estaba estudiando educación realicé un proyecto sobre los trastornos de aprendizaje, donde aprendí que los niños con dislexia tienen imagen de espejo, así que cuando fui con él a la terapia le comenté a la terapista sobre las características de dislexia que Josué presentaba. Le mandaron a hacer la evaluación y efectivamente lo diagnosticaron con dislexia. A pesar de la terapia de aprendizaje, Josué llegó a los ocho años sin aprender a leer, entonces hice una sencilla oración: "Señor ayúdame que pueda enseñar a mi hijo a leer". Y Dios me dijo: "Usa la Palabra", y yo comencé a leer un salmo con él todos los días, al mes Josué sabía leer. Gloria a Dios.

"Y todos tus hijos serán enseñados por Jehová;
y se multiplicará la paz de tus hijos".

Isaías 54: 13

LA PRUEBA DE FUEGO

Josué fue creciendo y engordando sin control, comía por ansiedad y comía todo el tiempo. Intenté todas las formas de comida saludable, los médicos me recomendaban alimentos que se suponen le daban sensación de llenura, pero nada funcionaba. Cuando tenía 10 años, un día mi cuñada Belkis me llamó al trabajo para decirme que Josué se estaba quejando de un fuerte dolor de cabeza y que le había dicho que le dolía el pecho también, y ella le sintió el corazón acelerado. Inmediatamente salí del trabajo y me fui a llevarlo a la clínica del Dr. González. Josué tenía un preinfarto, tenía la presión muy alta. Le pusieron un tratamiento para la presión por unos días, pero por su edad no podían medicarlo para la presión por mucho tiempo, así que me dijeron que debía ponerlo a caminar y hacer ejercicio todos los días. Yo comencé a caminar con el todos los días, lo ponía a hacer ejercicios en la pista de atletismo y lo inscribí en un equipo de pelota, pero no le gustaba el beisbol y a los dos meses dejó el equipo.

Yo me mantenía rogándole a Dios por la salud de mi hijo, pero llegó un tiempo que me entró una aflicción muy grande, era una tristeza inexplicable, y comencé a interceder delante de Dios. Yo era la encargada de la limpieza en la iglesia y por eso tenía las llaves de la iglesia, así que iba y me postraba por horas en el altar, allí gemía y lloraba y clamaba la misericordia de Dios. Oraba por toda la familia y así pasé todo un mes gimiendo y llorando sin saber por qué hasta que se enfermó mi hijo menor Isaac y estuvo muy grave con neumonía, el proceso de Isaac lo contaré después más adelante, en el capítulo dedicado a Isaac.

Estando en la clínica con Isaac, me llamó mi cuñada Belkis y me dijo que Josué y Gianna estaban con fiebre y vomitando los dos. Yo le dije que me los llevara a la clínica para que su doctora los examinara. Ella me los llevó y se quedó cuidando de Isaac en lo que yo llevaba a Josué y Gianna a la doctora. Ella los examinó y les mandó a hacer análisis, los medicó para la fiebre y los vómitos en lo que salían los resultados de los análisis. Yo los mandé de vuelta a la casa con mi cuñada, pero en la tarde cuando estuvieron los resultados, la doctora subió a la habitación donde estaba ingresado Isaac y me dijo: "Mira este niño todavía no está muy bien, pero te le voy a dar de alta con un tratamiento para la casa. La niña tiene una hepatitis viral que también se le va a tratar en la casa, pero tu hijo mayor está grave, tienes que correr con él, te voy a referir al mejor gastroenterólogo pediatra que conozco a ver si puede hacer algo con él, porque está tan grave que yo no me atrevo a tratarlo, así que vete ahora mismo".

El doctor al que me refirió trabajaba en la Clínica Independencia en la capital, que queda a menos de una hora de San Cristóbal, y salen autobuses a toda hora desde San Cristóbal a la capital, así que llamé a la casa para que me prepararan a Josué para salir inmediatamente al médico con él. Llegué a la casa y dejé a Isaac y Gianna al cuidado de mi cuñada y me fui inmediatamente con Josué. Cuando llegué al doctor donde me refirieron, él chequeó los exámenes que le había hecho la doctora y me dijo: "¿Esos resultados son de este niño?", yo le respondí que sí, el doctor movió la cabeza negativamente y me dijo: "Mire señora, aquí debe haber un error, porque si estos resultados fueran correctos, ese niño no habría llegado aquí por sus propios pies, estaría muerto, así que vamos a ingresarlo y a repetir todo de nuevo para ver qué es lo que hay".

Lo ingresaron y el doctor mandó a hacer todos los análisis de emergencia y como a la hora, el doctor se paró en la puerta de la habitación y me hizo seña para que me acercara a él. Cuando me acerqué, me dijo: "Señora, en más de veinte años que tengo ejerciendo, no había visto un niño con el cuadro de complicación que tiene su hijo y que todavía esté vivo. Le aconsejo que esté preparada porque su hijo va a morir en cualquier momento. Él tiene una complicación en todos sus órganos, tiene glomerulonefritis, pancreatitis, hepatomegalia y hasta su corazón está inflamado". En ese momento entendí por qué el señor me había tenido todo un mes en aflicción, llorando, gimiendo y clamando por misericordia; entendí que eso fue para librar a mi hijo de la muerte, así que le dije al doctor: "Mi hijo no se va a morir, doctor, ya Dios lo libró". El doctor se encogió de hombros y me dijo: "Yo no le quito su fe, como médico voy a hacer lo que pueda, pero no le garantizo vida a su hijo, esté preparada".

El doctor se fue y yo comencé a darle gracias a Dios porque sabía que ya él había librado a mi hijo de la muerte. A pesar de la condición en que estaba Josué en ese momento, de mí se fue toda la aflicción y toda la angustia, sabía que Dios estaba en control. El doctor no encontraba explicación al cuadro clínico que Josué estaba presentando, pero contrario a todo pronóstico, Josué comenzó a mejorar y a la semana, ya estaba de alta con un tratamiento y una dieta extrema; ni sal, ni aceite, ni carbohidratos, solo verduras, vegetales, manzanas y agua. Él, que tenía ansiedad por la comida, como a la semana me dijo: "Yo quiero comer, si me voy a morir que me muera, pero dame comida". Pueden imaginarse cómo me sentía, hacía lo mejor que podía para que él se conformara con la comida que le daba, pero Josué comenzó a demacrarse y a perder peso rápidamente y a menudo me decía que él se sentía enfermo, aunque no sabía decirme qué era lo que se sentía. Los familiares comenzaron a decirme que ya no le llevara la dieta porque él se veía muy mal, no se le quitaba la sed y no se le quitaba el hambre.

El chequeo con el médico le tocaba un mes después del internamiento. Le hice los análisis que tenía indicado para llevarle al doctor. Cuando llegamos, el doctor miró los resultados y me dijo: "El cuadro general ha mejorado, pero tiene la azúcar altísima, aquí hay una endocrinóloga muy buena, vaya inmediatamente donde ella". Me fui con él al consultorio de la doctora que quedaba al otro lado de la clínica, cruzando la calle. Lo registré y me senté a esperar, ya había otros pacientes ahí, pero la doctora no había llegado. Cuando la doctora llegó, pasó por delante de nosotros para entrar a su consultorio, pero se devolvió y me preguntó; ¿ese niño tiene la azúcar alta?, yo le respondí que sí, que me habían mandado donde ella porque él había salido con la azúcar alta, ella me dijo: "Alta no, altísima, me di cuenta porque le sale el olor". Ella agarró a mi hijo por la mano y lo entró al consultorio, tan pronto lo examinó me dijo: "Doña, cáigame atrás a emergencia, este niño está casi en un coma diabético".

Ella volvió a agarrar a mi hijo de mano y corrió a emergencia con él. Cuando le midieron el azúcar, la tenía en 765. La doctora mandó a despachar a los otros pacientes y se internó con mi hijo en cuidado intensivo. Eso fue como a las tres de la tarde. Como a las dos de la madrugada, ella sale de la unidad de cuidado intensivo y me abraza llorando y me dice: "Señora perdóneme, yo no sé por qué me ha impactado tanto su hijo, nunca me había pasado algo así con un paciente, yo pensé que se me iba a morir, pero ya comenzó a responder a la insulina y el azúcar comenzó a bajar". Yo le di las gracias y pude ver a Dios obrando, él hizo esa conexión especial entre la doctora y mi hijo.

Como resultado de la pancreatitis, su páncreas quedó muy dañado y casi no produce nada de insulina, así que él es completamente insulinodependiente. Estuvo una semana ingresado y de ahí en adelante comenzó mi calvario con la diabetes de mi hijo. No había forma de controlar su ansiedad por la comida, él comía de todo y en abundancia y la azúcar le subía constantemente, de manera que en poco tiempo yo aprendí a identificar el olor de la azúcar alta y el cambio de color en él, cada vez que percibía los síntomas y le media el azúcar, la tenía en 500 o 600. Automáticamente me comenzaba a doler la cabeza, tenía que correr dos y tres veces a la semana a la emergencia con él. Entonces mi oración fue: "Señor, no puedo con esta carga, te la entrego a ti, yo no puedo más". El señor me dio paz, a partir de ahí, dejó de dolerme la cabeza cada vez que él tenía la azúcar alta, dejé de correr a emergencias y aprendí a bajarle el azúcar dándole suero en la casa.

"Echando toda vuestra ansiedad sobre él,
porque él tiene cuidado de vosotros".

1era de Pedro 5:7

Aunque aprendí a sobrellevar la condición de mi hijo, vivía haciendo cadenas de oración por su salud, todo el tiempo estaba pidiendo oración por él, hasta que una noche en la iglesia, una hermana se me acercó y me dijo: "Te dice el Señor que ya no pidas más por la salud de tu hijo". Yo no lo entendí, pero lo acepté. Cambié mi oración y le pedí a Dios que, si no iba a sanar a mi hijo, que por lo menos cubriera sus órganos internos para que la azúcar no los dañara, y a partir de ahí me hice una experta en diabetes, estudié, investigué todo lo que necesitaba saber para cuidar a mi hijo.

Encima de todo esto mi hijo resultó ser resistente a la insulina, él necesitaba el triple de insulina que otra persona para mantener el azúcar bajo control. En los estudios que le realizaron encontraron un desbalance hormonal terrible, tenía el doble de hormona de crecimiento, pero la testosterona la tenía en cero. Cuando el médico me explicó todo lo que implicaba el hecho de no tener testosterona; él lo entendió, y cuando salimos del consultorio comenzó a llorar y me dijo: "Mami, entonces yo no voy a ser un hombre". Yo le dije que no se preocupara que él sí iba a ser un hombre porque Dios no se equivoca y que con un tratamiento lo iban a ayudar.

En realidad, el doctor me había dado pocas esperanzas, me refirió donde un especialista, el cual me dijo que había que hacerle un tratamiento con una hormona estimulante de los folículos. Si él respondía a ese tratamiento y producía algo de testosterona, entonces se le pondría un tratamiento para aumentar la producción de testosterona hasta un nivel normal, pero, teníamos el gran problema de que ese doctor no trabajaba con ningún seguro, sus honorarios eran altísimos, (fuera de nuestro alcance) y el tratamiento de estímulo era también bastante caro y ni siquiera lo vendían en la farmacia, había que pedirlo a un laboratorio.

Esa situación me turbó un poco, pero nunca dejé de congregarme ni desatendía mis compromisos en la iglesia, si no estaba en el hospital con mi hijo, asistía con mis tres hijos a todos los cultos, así que dejé saber en la iglesia lo que estaba pasando con Josué. Por la edad que tenía, el tratamiento debía hacerse de inmediato, las inyecciones de estímulo costaban $ 3,500.00 pesos cada una y necesitaba tres, pero mi salario mensual en ese tiempo era de $2000.00 pesos. Recuerdo que la ayuda para la primera inyección, la recibí de mano de mis pastores, Juan María y Luisa. Luego mi esposo, aunque estábamos separados, hizo un préstamo en su trabajo, y mi mamá que vivía en Nueva York, hizo una colecta. Así, en unas dos semanas ya tenía el tratamiento de mi hijo. Como siempre, el Señor se glorificó y el tratamiento fue efectivo. Tres años después hubo que hacerle otro tratamiento hormonal para detener su crecimiento, a los catorce años media 6' 3" y pesaba casi 300 libras. Durante todo ese proceso, mi hijo se bautizó en la iglesia, y aunque era tímido, ayudaba en todo lo que se le requería en la iglesia. El pastor siempre me decía que Josué era uno de los que más trabajaba cuando había alguna actividad y él siempre iba a ayudar.

Además de todos sus problemas de salud, Josué sufría bullying en la escuela, por lo que cayó en una fuerte depresión. Tuvimos que ir toda la familia a terapia familiar para poder ayudarlo a él. Yo fui a la escuela y hablé con la directora, quien fue diligente en confrontar a los niños que lo molestaban y mandó a buscar a los padres de cada uno, y gracias a Dios se terminó ese problema.

Cuando tenía quince años en uno de sus análisis de rutina, salió con problema en la orina que indicaban mal funcionamiento de sus riñones. La doctora que lo atendía dijo: "Dios mío, este muchacho tan joven y ya sus riñones están fallando, va a tener que comenzar a dializarse". Ella me refirió donde un nefrólogo. Cuando fuimos donde el nefrólogo nos dice que, por los resultados de los análisis, los riñones estaban funcionando muy mal y que debía que hacerle otros estudios para determinar si iba a necesitar diálisis. Yo comencé a hacer cilicio, dormí una semana en el piso con eso resultados debajo de mí y yo le decía al Señor que no aceptaba esos resultados, porque yo le había pedido que guardara los órganos internos de mi hijo para que la diabetes no los dañara y que, si ese diagnóstico no era de parte suya que por favor lo cambiara y que, en los resultados de los otros estudios que se le habían hecho, yo esperaba ver su repuesta.

A la semana fuimos a buscar los resultados, se los entregué al médico, el los miró y puso cara de asombro. Abrió el expediente y los comparó con los resultados anteriores, cogió uno en una mano y los otros en la otra mano y me dijo: "Señora, yo no sé qué pasó aquí, pero hay una diferencia del cielo a la tierra, estos estudios salieron completamente bien, los riñones de su hijo están sanos". Yo le respondí: "Usted lo ha dicho doctor, son del cielo a la tierra porque esos resultados los entregó Dios". Él me felicitó y me dijo que mi hijo no necesitaba ningún tipo de tratamiento. Una vez más vi a Dios glorificarse en la vida de mi hijo contra todo pronóstico, lo vi pasar de ser un niño hiperactivo, agresivo y destructivo a ser un joven tranquilo, alegre y amistoso.

Los psicólogos me decían que quizás no superaría la escuela primaria, pero llegó al tercer año de secundaria y no la terminó porque en ese tiempo vinimos a vivir en los Estados Unidos, en el año 2009, ya Josué tenía diecinueve años. Al llegar aquí comenzó a hacer el equivalente a la escuela secundaria o GED, pero comenzó a trabajar y no lo terminó. También he visto a Dios glorificarse en los lugares donde ha trabajado, Dios siempre lo ha puesto en gracia en su lugar de trabajo.

Cuando llegamos aquí, su salud estaba muy deteriorada, al punto que la doctora primaria nos mandó a buscar para decirnos que él estaba al borde de un colapso: la azúcar fuera de control, la presión altísima, los triglicéridos en 700 cuando el valor máximo normal es 150. Así que la doctora hizo una carta donde explicaba toda su condición médica y le dijo que tenía que llevar esa carta todo el tiempo, por si se desmayaba en la calle pudieran darle la ayuda necesaria. Lo refirió a todos los especialistas que necesitaba, comenzaron a hacerle estudios y a ponerle varios tratamientos.

Después de cinco años de estar aquí, una mañana se levantó para ir a su trabajo, pero fue a mi habitación y me dijo que tenía náuseas y dolor en la nuca, le dije que tenía que ir de emergencia al hospital. El hospital más cercano era el Lincoln, así que allí fuimos y lo atendieron inmediatamente con un preinfarto. Estuvo allí tres días y lo trasladaron al hospital Harlem para hacerle un cateterismo. Como ya él estaba en un programa en el hospital Jacobi para hacerle la cirugía bariátrica, aceleraron todo el proceso y tres meses después le hicieron la cirugía bariátrica que ha sido una bendición para su vida; se controló bastante su diabetes, de 270 unidades de insulina que tenía que ponerse al día, bajó a 80 unidades, los medicamentos para la presión bajaron de 80 miligramos a 40 miligramos y logró perder casi 100 libras de peso en los primeros seis meses.

Después de la cirugía bariátrica, su calidad de vida mejoró bastante y hoy puedo decir, EBENEZER, hasta aquí me ha ayudado Jehová con Josué. La diabetes no ha dañado sus órganos internos, ni ha afectado su visión, trabaja, es temeroso de Dios, es apreciado por todos por su nobleza, es desprendido y siempre está dispuesto a ayudar.

"Encomienda a Jehová tu camino
y confía en él y él hará".

Salmo 37:4

"Puesto los ojos en Jesús el autor
y consumador de la fe".

Hebreos 12:2

MI HIJA GIANNA

Debo comenzar este capítulo hablando de mi esposo. José y yo nos conocimos en el Club Deportivo y Cultural del barrio donde yo vivía. Yo era la tesorera del club y él era uno de los jugadores del equipo de baloncesto. Comencé a invitarlo a la iglesia al igual que a otros jóvenes del club. Después de un tiempo visitando la iglesia, él aceptó al Señor como su Salvador, se bautizó y comenzó a dar frutos. Unos seis meses después de bautizarse nos hicimos novios y dos años y medio después nos casamos. Puedo decir que los primeros tres años de matrimonio fue el esposo perfecto, siempre me felicitaban por el esposo que Dios me había dado. Todo iba muy bien, a pesar de las pruebas con nuestro hijo Josué, hasta que él comenzó a decirme que estábamos muy jóvenes para estar todo el tiempo en la iglesia, que debíamos salir a divertirnos y que yo debería vestirme más sexi, más moderna, que yo vestía como una vieja. Yo le decía que él me conoció en la iglesia y que yo no iba a dejar de congregarme, ni iba a comenzar a hacer cosas que no le agradaran a Dios.

Un día de culto, mi esposo llegó del trabajo y me dijo: "Yo no voy más a la iglesia, si quieres seguir yendo vete sola que yo voy a gozar mi juventud". A veces me invitaba para la discoteca a lo que siempre me negué, entonces me decía que no me quejara si invitaba a otra. También comenzó a llevar bebidas alcohólicas a la casa, cuando yo le dije que no debía beber en la casa delante del niño porque eso era un mal ejemplo, me dijo que entonces se iría a beber en la calle.

Yo me puse de acuerdo en oración con algunas damas de la iglesia. Hablaba con él, pero nunca discutía ni levantaba la voz, aunque gracias a Dios él nunca me levantó la voz ni fue físicamente violento conmigo. Cada vez que hablaba con él me decía que ya él había tomado su decisión, que si yo iba a seguir en la iglesia que no me quejara de lo que el hiciera y que tampoco quería que nadie de la iglesia fuera a hablar con él. Así pasaron varios meses hasta que un día no llegó a dormir, a los dos días fue a buscar algo de ropa y a decirme que el matrimonio se había acabado, que ya él no quería seguir conmigo. Aunque me sentí desfallecer, le dije que estaba bien, que fuera como él quisiera, pero al mes de estar separados me di cuenta de que estaba embarazada. Cuando se lo dije, me dijo que ojalá fuera una niña, pero mantuvo una actitud de que él iba a seguir en la calle, pero que esa era su casa, que yo seguía siendo su esposa y que tenía que recibirlo cuando él quisiera.

Poco tiempo después, me di cuenta de que todo ese cambio en él era porque tenía una novia cerca de su trabajo. Sentí que mi mundo se desmoronaba, sentía una decepción y una ira terrible. Entonces hablé con una pastora amiga que conocía de la situación y vivía cerca de la novia y le pedí que me acompañara a casa de la novia. La pastora me acompañó y muy amablemente le dejé saber que yo era la esposa de José. Fui con mi niño de mano y le dije que estaba embarazada. Ella me dijo que él le había dicho que tenía un hijo pero que estaba divorciado. Yo le dije que mi intención era que ella supiera la verdadera condición de él y que si seguía con él lo hiciera a conciencia, no estando engañada. Ella me dijo que lo iba a dejar, pero supe que tan pronto me fui ella dijo que, si yo pensaba que ella lo iba a dejar, estaba muy equivocada.

La actitud de él cuándo se enteró de que fui donde la novia, fue no volver más a mi casa ni ayudarme económicamente con nada, ni siquiera ver a Josué que fue el que más sufrió la ausencia de su papá. Todos los días estaba esperando a que su papá llegara, me preguntaba si su papá ya estaba llegando, a cada momento me decía: "¿Dónde está papi?, ¿cuándo viene mi papi?". Se fue afectando de tal manera, que hablaba con sus juguetes y les decía: "Carro, búscame a mi papi, si el carro me va a traer a mi papi". Así le iba hablando a todos los juguetes, otras veces se paraba en frente de la casa mirando hacia la esquina por donde solía llegar su papá y a veces veía a alguien que se le parecía a su papá y salía corriendo, gritando; 'llegó mi papi, llegó mi papi". Pero cuando se acercaba y veía que no era su papá volvía hacia atrás llorando, me rompía el corazón, ver el sufrimiento de mi hijo.

La indiferencia de él como padre, hacia su hijo me fueron llenando de amargura y rencor hacia él, pero a pesar de eso, un día fui a llevarle el niño para que pasara el día con él. Le dije que, si no quería ir a la casa que por lo menos mandara a buscar a su hijo de vez en cuando, que al niño no tenía por qué castigarlo, pero a pesar de saber lo que el niño estaba sufriendo, nunca lo mandó a buscar. Yo me deprimí terriblemente, no tenía deseos de nada, apenas comía, nada me apetecía, solo comía el plato de comida que mi mamá me llevaba. A veces mi hermano Robert me llevaba algo para cenar o me preguntaba si quería algo. Algunas veces el hambre no me dejaba dormir y me levantaba, echaba un poco de avena en agua, la endulzaba y con eso me sostenía. Nunca pensé que el hombre con el que me había casado y que parecía amarme tanto, se transformara de una manera tan radical, todos estaban asombrados con el cambio que él había dado. Yo oraba y clamaba a Dios para que tratara con mi esposo, pero en vez de cambiar, su actitud empeoraba.

Toda esa situación y la depresión que estaba pasando afectaron mi embarazo de una manera terrible. Hice una anemia crónica de manera que cuando tenía 7 meses de embarazo, el médico me dijo que la barriga en vez de crecer estaba disminuyendo bastante. La anemia y la falta de alimentación estaban haciendo que el feto involucionara. Cuando me hicieron la sonografía el resultado fue; feto de treinta y dos semanas con impresión de veinticinco semanas. Literalmente la niña se estaba consumiendo en mi vientre, así que me pusieron un tratamiento a base de inyecciones muy fuertes. Una de mis hermanas paterna, Marianela, me compró las inyecciones que me habían indicado y gracias a Dios la niña lo absorbió todo, aunque yo no aumenté nada (había enflaquecido como nunca), pero superé la anemia.

Así llegó el tiempo de dar a luz y mi esposo no me ayudó absolutamente con nada para el nacimiento de mi hija. Como había tenido tantos problemas con el parto de Josué, los médicos me dijeron que no podía dar a luz normal, así que programaron la cesárea para el 16 de enero de 1994, pero el día 15 amanecí manchando y tuvieron que hacerme la cesárea ese día. Mi hija nació robusta, pesó diez libras y la cesárea fue sin complicación ninguna, pero cuando mi esposo apareció en la clínica al otro día a las seis de la mañana para conocer a su hija, pensé que iba a explotar. Le grité que saliera que no quería verlo ahí, pero él se acercó a la cuna para ver a la niña y yo casi brinco de la cama. Él se asustó al ver mi reacción y mi mamá le dijo que por favor saliera, que yo me iba a poner mal, que después él podría ver a la niña, entonces, se fue.

Yo había construido un pequeño apartamento encima de la casa de mi mamá, era una bendición tenerla cerca. Mientras ella vivió allá en República Dominicana, era mi mayor ayuda con Josué. Cuando mi esposo quería ver a la niña, llegaba donde mi mamá para que ella intercediera y yo le permitiera ver a la niña, así comenzó a ir frecuentemente a la casa. A mí me molestaba ver como la niña se iba encariñando con él, pero decidí que no debía oponerme a que viera a sus hijos y procuré que lleváramos una relación cordial, sin reclamos ni cuestionamiento, me bastaba con ver como Josué disfrutaba cada visita de su papá. Él trataba a sus hijos con cariño cuando compartía con ellos, por lo regular, se tiraba en el piso a jugar con ellos como otro niño más.

Gianna iba creciendo muy sana los primeros meses, ella tenía la piel muy blanca y sus mejillas estaban siempre rosadas y sus labios rojos, pero a partir de los ocho meses su color comenzó a cambiar, se veía muy pálida y sus labios se veían un poco morados. En cualquier momento, la niña comenzaba a llorar de una manera desesperada. Hacía de todo para calmarla, mi mamá también, pero nada valía, de manera que una tarde tuve que llevarla a la clínica, tenía más de dos horas llorando sin parar. La examinaron y me dijeron que evidentemente había un dolor fuerte, la sedaron un poco y le hicieron varios análisis para determinar que le estaba produciendo el dolor.

La niña se calmó y me fui a la casa, tenía que buscar los resultados al otro día y llevárselo al doctor. Cuando miré los resultados vi que la niña tenía el hematocrito en 23, la hemoglobina en 8 y tenía marcada tres cruces de falcemia

[+++]. Yo pensé que esa anemia era el resultado de la anemia que yo sufrí durante el embarazo y que debía haber un error en cuanto a la falcemia porque ni mi esposo ni yo éramos falcémicos y la falcemia es una enfermedad de transmisión genética. Cuando la pediatra vio los resultados me dijo que había que hacerle una prueba especial llamada Electroforesis de Hemoglobina para determinar el nivel de células falcémicas, pero que había que comenzar a darle ácido fólico inmediatamente. Cuando yo le comenté mis dudas sobre ese resultado de falcemia, me dijo que había la posibilidad de que la niña conservara hemoglobina fetal que podían confundirse con células falciforme.

Yo llevé a la niña para hacerle la prueba, pero mientras esperaba, mi corazón desfallecía. Yo había estudiado hasta el tercer año de la escuela de medicina y cuando cursé la materia de genética, hice una investigación sobre las enfermedades de transmisión genética, dentro de ellas; la falcemia. En el estudio decía que los niños falcémicos enfermos hacen lo que se llama "crisis trombótica" o "crisis drepanocítica", porque los glóbulos rojos que están deformes, con forma de medialuna, se acumulan en todas las coyunturas provocando una trombosis, lo que a su vez les produce un dolor tan fuerte que los hace rabiar. También decía que los niños con más de un 50 por ciento de células falciformes comenzaban a hacer las crisis trombóticas entre los 18 y 24 meses, otra cosa que decía el estudio es que los niños con más de un 60 por ciento de células falciforme por lo regular morían en sus primeros años y que sufrían demasiado porque las crisis trombóticas casi los enloquecían de dolor y había que hacerles transfusiones de sangre a menudo. Así que en lo que esperaba los resultados no dormí, pensaba que si lo que mi hija estaba sufriendo eran crisis trombóticas con apenas 8 meses, su nivel de falcemia debía ser muy alto, le rogaba al Señor que no fuera así y que solo fuera un error en los resultados, pero estaba muy angustiada.

Al otro día el doctor González me llamó y me dijo que ya tenía los resultados que fuera a la clínica. Cuando entré al consultorio vi al doctor con una expresión muy triste y me dice: "Ve donde la pediatra, ella te va a referir donde un hematólogo". Él me pasó el sobre y yo lo abrí inmediatamente, no podía creer lo que veían mis ojos, decía que la niña tenía un 68% de células falciforme, quede en shock, se me puso un nudo en la garganta y no escuché nada más de lo que el doctor me dijo. Salí del consultorio y me encontré con la pediatra quien trató de confortarme diciéndome que pudiera ser que todavía hubiera mucha hemoglobina fetal en la niña y que eso alteró los resultados, que más adelante se repetirían las pruebas, porque no se explicaba que la niña tuviera un nivel de falcemia tan alto si ninguno de los padres era falcémico.

Yo estaba muda, no podía hablar. Había dejado a la niña con mi mamá, y cuando llegué a la casa y cuando mi mamá me pregunto qué pasaba, comencé a llorar desesperadamente sin poder decir nada. Los vecinos oyeron mis gritos y comenzaron a llegar para saber qué pasaba. Mi mamá comenzó a llorar también y les decía a los vecinos que parecía ser que la niña tenía algo malo, pero que yo no le decía. Después de una media hora pude hablar y decir lo que estaba pasando. Inmediatamente comenzaron las palabras de aliento, las recomendaciones, las llamadas telefónicas... Una hermana en Cristo llamada Jacinta, me dijo que su hermana trabajaba en el hospital oncológico y que ahí trabajaba una hematóloga muy buena, y me consiguieron la cita con ella. Mientras, le comencé el tratamiento a la niña con el falcifor y las crisis disminuyeron un poco, pero cada vez que le daba una, sabiendo ya lo que tenía, se me rompía el corazón.

Cuando fui donde la hematóloga me dijo que la niña era falcémica enferma, que iba a necesitar un tratamiento permanente, que periódicamente habría que hacerle transfusiones de sangre, me habló de su alimentación... en fin, de todo lo que ya, yo sabía. Salí de ahí abatida, lo único que pensé era que necesitaba un ejército de oración para pelear esa batalla, encima de la dura batalla que estaba librando con mi hijo Josué. Comencé a llamar a todos los hermanos que conocía de otras iglesias para que pusieran a mi hija en oración.

Yo trabajaba en uno de los proyectos de Compassion International en la iglesia, así que, mandé el motivo de oración a la oficina central para que lo compartieran en todos los países donde funcionaba el ministerio. Para ese tiempo el Señor me ministró con el Salmo 42:5 *"¿Por qué te abates oh alma mía, y te turbas dentro de mí? Espera en Dios porque aún he de alabarle, salvación y Dios míos."* Esas palabras me dieron nuevas fuerzas. Entendí una vez más que Dios tenía el control y que todo lo que el permitía en mi vida era para el glorificarse, así que me mantenía cantando un corito con las letras de ese salmo y comencé a sentir paz.

Fueron pasando los meses y las crisis trombóticas fueron disminuyendo hasta desaparecer, Gianna seguía creciendo y el tratamiento médico nunca le faltó, porque cada hermano o hermana que iba a visitarme llevaba un frasco del tratamiento en las manos o me lo llevaban a la iglesia, pero Gianna siempre estaba pálida y sus labios morados.

Al cumplir lo dos años, ya tenía varios meses que no le daban las crisis. Un día la llevé a su consulta de rutina, la doctora se quedó observándola y me dijo: "Ruth, pero el color de Gianna está cambiando, ¿tú no te has fijado en eso?". En ese momento me fije que sus labios estaban rosados, no morados y que, no estaba tan pálida como siempre. La doctora me dijo:" Aunque siempre sale con anemia, vamos a repetir la prueba de electroforesis de hemoglobina para ver si el porcentaje de células falciformes ha cambiado".

Le hice los análisis y cuando llegaron los resultados, la doctora me dice: "Estos resultados deben estar equivocados, así que vamos a repetirlos antes de tomarlos en consideración, porque sabemos que la falcemia no se cura y aquí dice que NO HAY CÉLULAS FALCIFORMES". Yo pegué un brinco y le dije: "No hay que repetir nada doctora; Dios la sanó, Dios la sanó". La doctora sonrió y sus ojos se llenaron de lágrimas, yo también lloré, pero esta vez de gozo, de alegría, de gratitud. La doctora no dijo una palabra más, yo salí del consultorio alabando a Dios y comencé a llamar a todos aquellos a los que les había pedido oración por mi hija para testificar lo que Dios había hecho. *Porque nada hay imposible para Dios. Lucas 1:37*

Gianna siguió creciendo completamente saludable. Después de los ocho años comenzó a sufrir de amigdalitis y le ponían una inyección de penicilina benzatínica todos los meses hasta que ella comenzó a hacer resistencia a ese antibiótico, y como la infecciones eran tan recurrentes decidieron operarla. Ya tenía todos los análisis hechos para la cirugía, pero hizo una infección tan grande, que se formó un absceso de pus enorme en su garganta, tuvieron que ingresarla por 5 días para combatir la infección y al darle de alta me dijeron que tenían que posponer la cirugía por varios meses porque no podían intervenirla de una vez después de una infección tan grave.

Como a las 2 semanas de ese episodio, estábamos en un servicio en la iglesia, había un predicador invitado y mi hija estaba sentada en primera fila. En un momento del mensaje, el pastor comienza a profetizar y dice: "Hay una niña aquí que están preparando para una cirugía de garganta, dice el Señor que no tendrán que operarla porque él la ópera ahora". En ese mismo instante Gianna cayó al piso, yo corrí a donde ella estaba y cuando abrió los ojos, comenzó a llorar y me dijo:" Mami fue a mí que Dios me habló, Dios me operó". Ella lo recibió, ella lo creyó, y gloria a Dios, Gianna jamás volvió a sufrir de amigdalitis, ella tendría unos diez años cuando eso ocurrió y hasta la fecha está sana, ella le creyó a Dios y Dios se glorificó. Yo siempre les hablaba a mis hijos de la fe y la confianza que debíamos tener en Dios, todos los días yo tenía un tiempo de lectura de la Palabra y oración con mis hijos, nunca descuidé el altar familiar.

Otro episodio en la vida de Gianna llegó cuando ella tenía 14 años, le dio dengue hemorrágico. Al cuarto día de estar ingresada el doctor me dice que la niña está empeorando, que las plaquetas habían amanecido en 19, que, si bajaban de ahí, me iba a caer en coma. El doctor me dijo que la iba a transferir para "La plaza de la salud" en la capital y que no le diera nada de comer para evitar que vomitara. Yo llamé a la casa y les dejé saber la condición de Gianna a mi familia. Inmediatamente llegaron mi hermano Tito, mi cuñada Belkis y mi prima Dania para ayudarme a preparar para el traslado, pero Gianna sintió hambre, y en un momento que salí a la oficina del seguro, dentro de la misma clínica, para los trámites del traslado, ella mordió una pera que le habían llevado, inmediatamente le dio náuseas y comenzó a vomitar la sangre. Mi prima salió corriendo a buscarme, cuando llegué a la habitación, el médico y la enfermera estaban ahí y yo le dije que iba a llamar una ambulancia, el doctor me dijo: "No hay tiempo para esperar una ambulancia, tiene que salir con ella inmediatamente".

Yo llamé un taxi y fui a recoger los papeles del traslado que ya estaban listos, cuando volví a la habitación solo estaba la enfermera con mi hija. Mi prima había comenzado a llorar y salió corriendo, mi cuñada se había ido a avisarle a la familia y mi hermano había salido a retirar dinero de un cajero automático, mi hija volvió a vomitar la sangre y yo solamente pude decir: "Señor, dame la fuerza y cordura para hacer lo que tengo que hacer y no me quites a mi hija porque tú no me has preparado para quitármela, así que no me la quites". Cuando me la estaban acomodando en el taxi llegó mi hermano y se fue conmigo. Fui orando todo el camino para que no volviera a vomitar y Dios me escucho, aunque tenía náuseas no volvió a vomitar.

Cuando llegamos a La Plaza De La Salud, la ingresaron de emergencia, el gran problema fue para canalizarla, cuando las plaquetas están tan bajitas la sangre no se detiene, la primera enfermera no pudo canalizarla. Le pedí al Señor que tomara el control de la canalización y al momento llegó una enfermera especializada en el área de cirugía que la canalizó sin problemas. La llevaron a un semiprivado y la doctora me dijo que ya las plaquetas de la niña habían bajado a dieciséis, que era increíble que no había caído en coma, que todos los pacientes que tenían con ese nivel de plaquetas estaban en coma. Me dijo que iban a hacer todo lo posible por la niña, pero que la niña estaba muy grave, porque había un sangrado interno. Yo le seguía diciendo a Dios que no estaba preparada para perder a mi hija.

Cuando llegó la noche, ingresaron a un bebé de dos meses que había nacido prematuro y tenía neumonía, lo pusieron en la otra cama en la misma habitación que estaba Gianna. El bebé estaba agonizando y aunque tenía oxígeno, casi no podía respirar. Después fue una enfermera a decirle a la mamá que habían puesto al niño en esa habitación por error, pero que hasta el otro día no podían trasladarlo al área que le correspondía. A mí comenzó a inquietarme la agonía de ese niño, y el Espíritu comenzó a decirme; "ora por ese niño", y así tuve un debate dentro de mí. Yo me decía: "Cómo le digo a esa madre que quiero orar por su hijo estando mi hija grave aquí", pero el Espíritu seguía insistiendo y yo resistiendo hasta que; a la media noche no pude más y me acerqué a la mamá del niño y le dije: "¿Puedo orar por su niño?", y ella me respondió con una exclamación: "Ay, ore por él y por mí también, no he podido comer nada hoy y el estómago me está matando". Pues así lo hice.

Oré por el niño y por ella también, inmediatamente terminé de orar, el niño dejó de agonizar y se quedó durmiendo tranquilo, la mamá me dio las gracias y se arrecostó en un lado de la cama y también se durmió, entonces, sentí una gran paz y volví a sentarme al lado de la cama de mi hija. Como a las 6 de la mañana llegó una señora para ver al niño y llevarle algo a la mamá, pero tan pronto entró en la habitación y vio a Gianna, se detuvo y dijo: "Hey yo oré por esa niña en sueño anoche, yo la vi en sueño y oré por ella". Y antes de seguir a donde su amiga, me dijo: "¿Señora, yo puedo orar por su hija?". Yo le dije: "Claro que sí", y esa mujer comenzó a orar diciendo:" Plaquetas vuelven a su lugar ahora, hematocrito vuelve a su lugar ahora, todo sangrado interno se detiene ahora..." Y así fue ordenando todo lo que estaba fuera de nivel en mi hija. Ella no me preguntó lo que tenía la niña, sino que oró conforme al sueño que tuvo. Cuando ella terminó de orar, su amiga le dijo: "Ella oró por mí y por el niño anoche, y se me quitó el dolor de estómago y al niño se le quitó la asfixia, y nos dormimos hasta ahora. Entonces, entendimos y comentamos lo que Dios había hecho; me puso a orar por el niño y puso a otra persona a orar por mi hija. Cuando obedecemos, Dios se glorifica.

En ese momento entraron el neumólogo y una enfermera para ver al niño. El doctor llevaba una placa en la mano. Cuando se acercaron vieron que el oxígeno se le había quitado al niño y la mamá no se dio cuenta, el doctor dijo: "Pero estas placas no pueden ser las de este niño porque él está respirando normal sin el oxígeno". Inmediatamente la mamá exclamo: "Dios lo sanó, Dios lo sanó, mire señora, usted oró y Dios lo sanó". El doctor dijo que le iban a tomar otras placas pero que el niño estaba bien. Después se lo llevaron a la habitación que le correspondía, pero pudimos ver que no lo pusieron ahí por error, sino que fue un propósito de Dios.

Después que ellos salieron, fueron del laboratorio a tomarle muestra de sangre a Gianna. Una hora después, entran tres médicos y me dicen: "Señora que ha pasado con su hija, usted ha hecho algo o le ha dado algo fuera de lo que se le ha dado aquí". Yo le dije que no, y que, porque me estaban preguntando eso, me dijeron que tenían que repetirle los análisis antes de darme una repuesta, así que, volvieron del laboratorio a tomar muestra de sangre. Un rato después entran los médicos y me dicen: "No sabemos lo que ha pasado aquí, pero inexplicablemente las plaquetas subieron a 96 y su hematocrito ya está en 23... y casi todo lo demás está en valores casi normales". Ellos especulaban sobre lo que pudo haber pasado, pero yo sí sabía lo que había pasado, tan pronto ellos salieron de la habitación, le dije a Gianna; "viste lo que Dios hizo contigo, como me puso a orar por ese niño y como vino esa señora y oro por ti y Dios se glorificó en ambos. En los dos obró el milagro, pero ese testimonio no lo voy a dar yo, ese testimonio tienes que darlo tú". Ella me dijo: "Sí, mami, yo voy a darlo".

Al otro día ya las plaquetas estaban en 140 y el hematocrito en 33, y todo lo demás estaba normal, los médicos seguían sin entender como ella se había recuperado tan rápido, entonces yo les dije: "Dios lo hizo". Ellos solo me dijeron, "bueno, por lo que sea, ella va a volver a casa mucho antes de lo esperado". Al otro día le dieron de alta, y al primer culto que fuimos después de salir del hospital, ella misma pidió una oportunidad y dio el testimonio a la iglesia.

Esta experiencia me enseñó muchas cosas: La primera es que no debemos cuestionar ni resistir al Espíritu. Yo estuve más de tres horas resistiéndome a orar por ese niño, fueron tres horas de agonía que pude haberle librado de sufrir a ese niño si hubiese orado desde que el Espíritu Santo me puso el sentir. La segunda cosa que aprendí es que cuando en medio de un problema, Dios nos pone a ocuparnos de un problema ajeno, es porque Él va a ocuparse del nuestro.

Dios tiene el dominio y el control de todas nuestras circunstancias, cuando obedecemos, facilitamos a Dios cumplir sus propósitos y podemos ver su obra a nuestro favor.

"Y a aquel que es poderoso para hacer todas las cosas
mucho más abundantemente de lo que pedimos
o entendemos, según el poder que actúa en nosotros,
a él sea la gloria..."

Efesios 3:20

OTRA VEZ EN PELIGRO DE MUERTE

Vinimos a vivir en USA en el 2009, Gianna tenía dieciséis años, terminó aquí su escuela secundaria como estudiante meritoria. Pasamos varios procesos, pero en todos y cada uno de ellos vimos a Dios glorificarse. Después de terminar la escuela Gianna me dijo que iba a ir a casarse con el novio que había dejado allá en Rep. Dominicana para ir haciéndoles los trámites de residencia, mientras ella avanzaba en el colegio universitario. Yo decidí apoyarla y la acompañé a Rep. Dominicana para la boda. Ella hizo como lo había pensado, avanzó sus estudios y el esposo vino casi dos años después. La amenaza de muerte volvió cuando tuvo su primera hija.

Todo el embarazo transcurrió bien, hasta que fue a su último chequeo, tenía la presión muy alta y se dieron cuenta de que tenía varios días goteando el líquido amniótico. Ella me llamó para decirme que la iban a ingresar para inducirle el parto. Me fui al hospital con el esposo de ella, pasamos toda la noche del lunes y todo el día del martes, las contracciones iban y venían, pero ella no dilataba. La niña comenzó a presentar arritmia cardiaca y a ella le subió mucho la presión, presentó una preeclampsia, así que decidieron hacer una cesárea de emergencia. Su esposo prefirió que fuera yo la que estuviera con ella en el quirófano. Tuvieron que abrirla muy rápido para salvar a la niña, pero cuando la abrieron, ella no había cogido bien la anestesia y cuando le entraron el instrumento para ensanchar la herida, ella lanzó un grito desgarrador. Inmediatamente le pusieron gas y le inyectaron un anestésico para poder continuar con la cesárea, pero la niña era muy grande por lo que fue difícil sacarla, la niña pesó diez libras. Mi hija perdió mucha sangre y el exceso de anestesia le produjo un paro respiratorio, la reanimaron, pero ella constantemente dejaba de respirar. Los médicos me dijeron que me mantuviera hablándole y dándole golpecitos en la cara para que no dejara de respirar. Después me llevaron con ella a la sala de recuperación para que me ocupara de que ella siguiera respirando. Después de una hora su respiración se estabilizó, pero mi hija se hinchó de la cabeza a los pies de una forma exagerada. Cuando la llevaron a la habitación le pusieron un monitor para monitorear su presión y su frecuencia cardiaca que estaban muy altas.

Al otro día cuando le quitaron la sonda y la levantamos de la cama tuvo un sangrado terrible, y su frecuencia cardiaca se volvió a disparar, así que tuvieron que ponerle sangre. Pasaron los días y ella no mejoraba, yo me había mudado al hospital y al cuarto día mi sobrina Saomi fue a quedarse con ella para que yo fuera a la casa a descansar un rato. Yo me fui con mucho pesar, sentía una opresión en el pecho y tenía mucho temor de que mi hija fuera a morir. Estaba en mi mente clamando al Señor, pero no sentía paz, llegué a mi casa, me fui a mi cuarto, y me tiré de rodillas delante de mi cama. Un momento después sonó mi teléfono; era mi sobrina para decirme que Gianna se había puesto muy mal, que se la habían llevado para hacerle un estudio y que le estaban poniendo más sangre. Ella me dijo: "Tía, venga porque ella no está bien". Yo le dije que en un momento estaba allá y me dispuse a salir corriendo al hospital, pero el Señor me detuvo y me dijo: "Tienes una batalla que pelear como en 2a de Crónicas

20". Inmediatamente vino a mi memoria ese pasaje de la Biblia cuando el rey Josafat se vio rodeado por el enemigo, tuvo temor y se humilló ante Jehová. En el versículo 17 dice: No habrá para que peleéis vosotros en este caso, paraos, estad quietos, y ved la salvación de Jehová con vosotros. Y el versículo 21 dice: Y habido consejo con el pueblo, puso a algunos que cantasen y alabasen a Jehová... y que dijesen; Glorificad a Jehová porque su misericordia es para siempre. Entonces entendí que esa batalla tenía que pelearla de manera diferente, en vez de correr al hospital, llamé a los hermanos de la intercesión en la iglesia. (La iglesia donde me congrego tiene un ministerio de oración 24\7), le dije a los hermanos del 911 que tenía. Llame a mis hermanos en Rep. Dom. y a todos los guerreros e intercesores que conozco, todos se pusieron de acuerdo para comenzar a interceder en esa misma hora y yo comencé a cantar alabanzas. Recorría mi casa de atrás a adelante y de adelante hacia atrás cantando, llorando y alabando al señor hasta que sentí paz y se fue la opresión que tenía en mi pecho, entonces supe que ya Dios había obrado. Me fui al hospital, cuando llegué encontré a mi hija con una sonrisa en la cara y mi sobrina me dijo que ya ella estaba mejor, yo le dije: "Yo sé que está mejor porque yo me quedé en casa peleando esa batalla". Entonces le leí la porción de la Biblia de 2da de Crónicas 20 y luego tuvimos un tiempo de oración de acción de gracias.

Ella estuvo por ocho días en el hospital y cuando le dieron de alta, mandaron una enfermera a la casa para curarla, pero cuando la enfermera la estaba curando se dio cuenta de que tenía la herida abierta, así que tuvimos que volver al hospital por emergencia. Gracias a Dios no tenía infección así que no la ingresaron, pero sí tenían que limpiar y drenar la herida a sangre fría. Aunque le inyectaron morfina, ella palidecía por el dolor. Después le introdujeron una mecha y me dieron las instrucciones de cómo ponerle y quitarle la mecha porque había que hacerlo todos los días, así que cuando la enfermera dejó de ir, yo tenía que curarla todos los días, aunque viera a mi hija retorciéndose de dolor. Fue un proceso de casi un mes hasta que se recuperó completamente, pero durante ese proceso ella también aprendió a alabar y dar gracias a Dios en medio del dolor.

Esa experiencia fue muy traumática para ella, de manera que cuando volvió a quedar embarazada, cuatro años después, tenía mucho temor de volver a pasar por lo mismo. Yo la motivé a confiar en Dios y apropiarse del Salmo 56:3 *"En el día que temo, yo en ti confío"*. En esta ocasión, le tocó dar a luz en plena pandemia del covid-19, la cesárea estaba programada para junio 8 del 2020. Ella tenía que ir el día antes a hacerse la prueba del COVID, pero cuando la examinaron vieron que los latidos de la niña no estaban bien, así que decidieron hacerle la cesárea ese mismo día. Yo me fui al hospital e hice una oración con ella antes de que la entraran al quirófano, pero ella estaba muy nerviosa y tan pronto entré al quirófano ella agarró mis manos y me dijo: "Mami, canta alabanzas por favor, canta". Así que, mientras procedían con la cesárea, yo estuve todo el tiempo cantando alabanzas al Señor.

Cuando nació la niña, no gritó y la vi que se estaba evacuando. Ellos comenzaron a darle masajes en el pecho, la niña echaba un pequeño grito y se callaba, se la pasaron a otros médicos y donde pusieron a la niña yo la alcanzaba a ver y veía que no estaba bien. Mi hija comenzó a preguntarme qué pasaba y yo le decía que la estaban estimulando para que llorara. A la niña le pusieron varios cables y un monitor mientras seguían dándole masajes en el pecho y le apretaban las costillas, ella lloraba un poco pero su respiración era muy agitada, mi hija entendió que algo no estaba bien con la niña y comenzó a llorar y angustiarse.

Ya había pasado como media hora y seguían bregando con la bebé, entonces decidí acercarme a donde tenían a la niña y le pregunté a los médicos si podía orar, ellos me dijeron que sí. Yo comencé a orar y le pedí a Dios que en su infinita misericordia normalizara la frecuencia cardiaca y la respiración de la niña, que ordenara todo lo que estuviera fuera de orden. Mientras oraba, los médicos y enfermeras alrededor estuvieron reverentes y al terminar la oración ellos también dijeron "amén". Se quedaron perplejos al ver que, tan pronto terminé la oración, Dios hizo la obra; la frecuencia cardiaca se normalizó inmediatamente en el monitor y la respiración de la niña también se normalizó, uno de los médicos me miró, se sonrió y me hizo la señal de "bien" con el dedo pulgar. Como a los cinco minutos, le quitaron el monitor y todos los cables que le habían puesto a la niña y uno de los médicos se acercó y me dijo: "Dios escuchó su oración". GLORIA A DIOS, Él siempre escucha nuestras oraciones.

Yo les enseñé a mis hijos que todo, absolutamente todo se resuelve orando, que todos nuestros planes, proyectos, problemas, situaciones... Lo que sea, todo en nuestra vida tenemos que presentárselo a Dios en oración. Mi hija ha aprendido eso y en todo lo que va a hacer ella ora y me llama de donde esté para pedirme la oración: "Mami, voy a una entrevista, ora", "mami, voy a coger un examen, ora", "mami, voy a.... ora", es una constante, ella reconoce que Dios tiene el dominio y el control de nuestras vidas.

"Encomienda a Jehová tu camino,
y confía en él; y él hará".

Salmos 37:5

"¡Cuán preciosa, oh Dios, es tu misericordia!
Por eso los hijos de los hombres se amparan
bajo la sombra de tus alas".

Salmos 36:7

MI HIJO ISAAC

Después de casi cinco años separada de mi esposo, volví con él en obediencia a Dios. Mi esposo no se cansaba de pedirme que le diera una segunda oportunidad, hablaba con algunos hermanos de la iglesia para que me aconsejaran a volver con él, me decía que yo era muy orgullosa, y que como cristiana debía aprender a perdonar. En realidad, yo era una persona muy independiente, me sentía muy capaz, muy segura de mí misma y el Señor quería de mi humildad, sumisión y obediencia. Fue duro el proceso, pero aprendí.

Al poco tiempo de volver con mi esposo quedé embarazada de Isaac, pero fui procesada desde principio del embarazo. Como al segundo mes comencé a sangrar, me hacían la sonografía y me decían que el feto estaba bien, que solo tenía que guardar reposo. En ese tiempo yo estaba trabajando como maestra sustituta en una escuela secundaria cerca de la casa y nunca cogí el reposo. A veces el sangrado era abundante, pero yo me decía; si Dios quiere que nazca va a nacer y si lo pierdo también es voluntad de Dios, pero yo no quería dejar el trabajo. Al cuarto mes dejé de sangrar.

DIAGNÓSTICO DE MUERTE

Después que dejé de sangrar, comencé a sentirme muy agotada, cuando subía los escalones de mi casa tenía que sentarme a coger aire, sentía que me sofocaba. Cuando fui al chequeo del quinto mes, me encontraron la frecuencia cardiaca muy alta e inmediatamente me mandaron al cardiólogo. Cuando me hicieron el ecocardiograma me dijeron que tenía una cardiopatía muy fuerte y que tenía dos soplos en el corazón. Me mandaron a hacer una sonografía de emergencia y encontraron que la placenta estaba en un grado de calcificación 3 y que con ese grado de calcificación no estaba alimentando a la criatura, me dijeron que tenía que estar pendiente si dejaba de moverse porque podía morir en cualquier momento. Yo lo que sentí en el momento fue cargo de conciencia, porque dije; no me cuidé al principio del embarazo porque en el fondo sentía cierto rechazo al embarazo y por eso Dios está permitiendo esta situación. Así que le pedí perdón a Dios.

Cuando volví donde el cardiólogo me dio una caja de pastilla y me dijo que tenía que comenzar el tratamiento inmediatamente. Yo me fui a la casa, pero siempre antes de tomar cualquier medicamento, yo leo la literatura adjunta. Cuando leí la literatura de esas pastillas decía que en caso de embarazo ocasiona muerte fetal. Yo inmediatamente volví a la clínica que no quedaba lejos de mi casa, llegué al consultorio del cardiólogo y entré sin pedir permiso, (afortunadamente no tenía pacientes en ese momento), le tiré la caja de las pastillas encima del escritorio y le dije: "Como usted me manda a tomar esas pastillas si sabe que me va a matar al niño en el vientre". El doctor se asustó mucho cuando vio mi reacción, se levantó del escritorio y me dijo: "Cálmese, cálmese, no se me altere, yo voy a llamar a los otros médicos y vamos a hablar con usted". Salió del consultorio y al momento volvió con el director de la clínica, el Dr. González y con el obstetra, el Dr. Valdez. Entraron y me dijeron: "Su esposo viene de camino, vamos a esperar que llegué para explicarle su condición".

Cuando mi esposo llegó, comenzaron a explicarme que mi condición era muy crítica y que ellos después de reunirse y analizar mi caso decidieron llamar a mi esposo para plantearle que debían terminar con el embarazo si querían salvar mi vida, porque mi corazón no iba a aguantar el embarazo y que la criatura de todas maneras no iba a sobrevivir porque la placenta ya no lo estaba alimentando, y que no querían plantéarmelo a mí porque mi corazón no podía recibir ninguna emoción fuerte. Me dijeron que mi esposo le había dicho que me salvaran a mí porque ya teníamos dos hijos que no podían quedarse huérfanos, y que por eso habían tomado la decisión. Yo me levanté del asiento y les dije: "Dios es el que da la vida y el que la quita, mientras mi hijo este vivo, yo no voy a hacer nada para matarlo dentro de mi vientre, y en cuanto a mí, mi vida también está en las manos de Dios, no en la de ustedes".

Salí del consultorio y mi esposo salió detrás de mí diciéndome que fuéramos a otros médicos, que buscáramos una segunda opinión, pero yo le dije que no iba a hacer nada, que fuera lo que Dios quisiera, pero sentía una gran angustia en mi corazón. Llegué a la casa y comencé a llorar sin consuelo, entonces me arrodille delante del sofá y le dije al Señor: "Padre haz con mi vida lo que tú quieras y con la de mi hijo también, que se haga tu voluntad, pero sea lo que sea que hagas, quítame esta angustia, dame paz". Y el Señor dijo amén porque en ese mismo momento sentí como si un bálsamo mentolado cubriera todo mi cuerpo y me quede dormida, mi esposo me ayudo a ir a la cama, pero dormí profundamente hasta el otro día. Cuando desperté, sentía una paz inexplicable, esa paz que sobrepasa todo entendimiento, mi condición médica no me preocupaba en lo más mínimo.

Cuando se me disparaba la frecuencia cardiaca, se me alteraban las venas del cuello y me palpitaban tan fuerte que todo el que me veía se preocupaba. Para ese tiempo, mi mamá ya se había ido a vivir en Nueva York, pero yo no quería dejarle saber mi condición. Todos a mi alrededor estaban preocupados por mí, los hermanos de la iglesia, los vecinos, los familiares, las amistades y los médicos, y yo, en completa paz.

Me hacían una sonografía todos los jueves, si por algún motivo yo no iba a la clínica, me mandaban a buscar. El director de la clínica, el doctor González, era amigo de la familia y me llamaba casi todos los días para saber si el niño seguía moviéndose. Para sorpresa de todos, aunque la placenta estaba cada día más calcificada, el niño seguía aumentando normal, ellos no se explicaban si la placenta no lo alimentaba, como era que el niño seguía su desarrollo normal.

Siguieron pasando las semanas y a las veintisiete semanas comenzaron a darme contracciones. Me hicieron una sonografía para ver si el feto estaba viable pero sus pulmones no habían madurado, por lo que, si me hacían la cesárea en ese momento, el niño no sobreviviría, entonces le dije que me detuvieran las contracciones. Me dijeron que me iban a poner un tratamiento de esteroides para ayudar a madurar los pulmones del niño, pero los medicamentos que ayudan a detener las contracciones no los podía tomar por mis problemas en el corazón, (ya mi amiga Karen me había alertado sobre eso), así que me dieron unos analgésicos y me mandaron a estar en reposo absoluto.

Con solo levantarme para ir al baño, me pasaba una contracción, así estuve por dos días hasta que las contracciones desaparecieron y así llegué a las treinta y cinco semanas. Los médicos no salían de su asombro al ver cómo iban pasando las semanas, mi corazón igual o peor, (la piel de mi cara y mi cuello se había puesto negra, vivía con una sensación de agotamiento extremo y me sentía agitada), mi placenta cada vez más calcificada, pero mi embarazo seguía avanzando normal. Cuando fui a mi chequeo semanal a las treinta y cinco semanas, al hacerme la sonografía me dijeron que ya él bebe no aguantaba más, que había sufrimiento fetal, pero que para mi seguridad, que fuera a otra clínica a hacerme la sonografía. Yo me fui a otra clínica y tan pronto comenzaron a hacerme la sonografía, me preguntaron que médico me estaba atendiendo y donde iba a dar a luz, yo les dije, entonces me dijeron que iban a llamar a mi doctor porque tenían que atenderme rápido. Ya eran como las cinco de la tarde y yo había comido antes de ir a la clínica, así que cuando fui a mi médico, él me dijo que no podía hacerme la cesárea de una vez porque yo había comido y también había que controlarme la frecuencia cardiaca, me dieron unas pastillas y dispusieron todo para las 6 de la mañana siguiente. Mi prima Miguelina me acompañó para que mi esposo se quedara en la casa con los niños.

Cuando comenzaron a hacerme la cesárea, los médicos estaban animados hablando, pero cundo sacaron al niño, lo escuché que lloró un poco, muy débilmente, pero no me lo enseñaron, escuché que le dijeron a la enfermera; "aspíralo, aspíralo", después se lo llevaron. Inmediatamente vi como mi sangre saltó y los médicos se concentraron en tratar de detener la hemorragia, yo solo pensé:

"Me puse mal, pero Señor, yo estoy en tus manos". Me pusieron la máscara de oxígeno, me inyectaron y perdí la noción del tiempo, me sentía como flotando y muy en paz, después de un tiempo escuché al doctor decir, con un suspiro: "Gracias Señor, otra que me dejas".

Cuando me sacaron del quirófano para llevarme a recuperación, tuve que sonreír al ver una manifestación de afecto tan grande; había una multitud enorme de personas allí orando y llorando por mí. No sé cuántas personas había; pude ver a mi papá, mis hermanas paternas, muchos hermanos de la iglesia, vecinos, amistades, y familiares. Cuando me sonreí, escuché a la hermana Yanet exclamar: "Bendito Dios, salió riéndose". Y se soltó en llanto de gratitud. Escuché las acciones de gracias a Dios por mí y eso me lleno de gozo, pero todavía no veía al niño. Cuando le pregunté al doctor por él, me dijo que ya estaba bien, pero que hubo que estimularlo con pinzas para que orinara y evacuara y que increíblemente el niño había nacido de siete libras y cinco onzas. Ese que mi placenta no alimentaba, fue alimentado por Dios en mi vientre. ¡ALELUYA, GLORIA A DIOS POR SIEMPRE!

Me sacaron de recuperación en la tarde y ya casi en la noche me llevaron al niño, yo lo amamanté y ahí se manifestó el gran problema; el niño vomitó con mucha fuerza toda la leche, volví a amamantarlo y volvió a vomitar y así pasó toda la noche. Le dije a la enfermera lo que estaba pasando y llamaron a la pediatra que fue muy temprano en la mañana a verlo, la pediatra lo examinó y se quedó a esperar que yo lo amamantara para ver como vomitaba, tan pronto lo vio me dijo que eran vómitos proyectados, que había que hacerle un estudio porque al parecer tenía el estómago muy cerrado, allí comenzó mi otro calvario.

Como el niño no retenía nada, tenía que darle el pecho o fórmula cada media hora para que el niño no se desmayara y pudiera nutrirse con lo poquito que asimilaba, cada vez que lo alimentaba echaba tres a cinco buches de vómito hasta que no le quedaba nada.

Estuve tres días en la clínica y me dieron de alta con un tratamiento muy fuerte para mi problema cardiaco, después de la cesárea quedé con una arritmia cardiaca, me daba bradicardia, que son latidos muy lentos, yo sentía literalmente que mi corazón se detenía, dejaba de latir y después comenzaba a latir muy rápido, taquicardia. Con las pastillas que me indicaron mi corazón se normalizaba, pero la falta de sueño estaba haciendo estragos en mí, así que mi esposo se quedaba una buena parte de la noche despierto para alimentar al niño y que yo pudiera dormir un rato. Para ese entonces mi esposo tenía unos tres meses sin trabajo y mi ingreso era muy poco.

A los catorce días de nacido llevé al niño al hospital Angelita en la capital, para hacerle el estudio que le habían indicado, ya el niño había rebajado más de una libra. El resultado del estudio fue estenosis pilórica, es decir que el píloro, la parte del intestino delgado que se une al estómago estaba muy estrecha, casi cerrada y no permitía el paso de los alimentos. Me mandaron inmediatamente al área de cirugía y la doctora que lo evalúo me dijo: "A su hijo hay que hacerle una cirugía reconstructiva, el problema es que con el peso que tiene no se le puede hacer esa cirugía ahora, tenemos que esperar que llegue a diez libras o cumpla los seis meses, por ahora le vamos a poner un tratamiento con unas gotas que tiene que darle antes de cada comida, una leche especial que es espesa para que le vaya haciendo peso al estómago y un cereal para agregarle a la leche". También debía tenerlo casi sentado todo el tiempo y en una almohada para dormir.

Yo salí del consultorio pensando en que los niños que nacen con esa condición pierden peso en vez de ganar y muchos morían en el primer trimestre de vida. Me fui a la farmacia antes de llegar a mi casa y el costo del tratamiento era más en una semana que lo que yo ganaba en un mes, así que, llegué a mi casa, puse el niño en la cama y la receta a un lado de él, me tiré de rodilla y dije: "Señor y padre mío, dependo de ti, pongo a mi hijo en tus manos y te entrego a ti esta receta, dependo de ti y tu misericordia". Fue la primera vez que reconocí mi dependencia de Dios, fue la primera vez que me humillé de todo corazón delante de Dios, fue la primera vez que me sentí realmente impotente, me rendí, y eso era lo que Dios quería.

Yo soy la mayor de cinco hermanos de madre y la única hembra, desde pequeña mi mamá delegó mucha responsabilidad en mí y cuando tenía nueve años, mi mamá enfermó de fiebre tifoidea y no podía levantarse de la cama. En esos nueve días que ella estuvo en cama, me hice ama de casa; cocinaba, limpiaba, lavaba, atendía a mis hermanos y lo mandaba a la escuela. A los dieciséis años comencé a trabajar y siempre fui mi diligente e independiente, yo hacía todas mis gestiones sola, así que cuando mi esposo me abandonó, mi actitud fue la de hacerle ver a él que no lo necesitaba, que yo podía sola, que yo era muy capaz. Él siempre me decía que yo era muy orgullosa, así que Dios quería quitar ese sentir de autosuficiencia en mí, me llevó al desierto donde no tenía nada más que a Él y su misericordia. Hoy le doy la gloria a Dios porque aprendí la lección, me postré ante Dios reconociendo mi insuficiencia y pude ver su gloria.

Uno de los hermanos de la iglesia, Leonardo Brioso, fue a visitarme y se llevó la receta para sacarle copia y distribuirla entre los hermanos y amistades. Los que tenían amigos o familiares médicos, se dispusieron a buscar muestras médicas del medicamento, así todo el que iba a visitarme llegaba con dos o tres frascos del medicamento, el que no llevaba el medicamento, me llevaba una lata de leche o del cereal que le habían indicado al niño.

Yo tenía que llevar el control de la cantidad de veces que el niño vomitaba en el día y llevar esas anotaciones todas las semanas a la cirujana que lo atendía. En las primeras semanas Isaac vomitaba entre 52-58 veces por día, para la tercera y cuarta semana, vomitaba de 44-50 veces por día, pero a pesar de eso comenzó a ganar peso, aunque sólo aumentaba media libra por mes, era muy significativo, estaba ganando en vez de perder. Ese fue el resultado de esclavizarnos a alimentarlo cada media hora sin falta, había que despertarlo para darle de comer, pero Dios se glorificó de tal manera que cuando cumplió los seis meses, su píloro se había ensanchado lo suficiente para que pudiera alimentarse sin necesidad de cirugía, aunque todavía vomitaba de ocho a diez veces por día, ya había sobrepasado las diez libras y cuando terminó el tratamiento, me sobraron tres frascos del medicamento y lo que es mejor: nunca tuve que comprarlo. ALELUYA, DIOS ES BUENO, DIOS ES FIEL.

"...Lo que esperan en Jehová tendrán nuevas fuerzas; levantarán alas como las águilas..."

Isaías 40:31

"No seas sabio en tu propia opinión; teme a Jehová y apártate del mal; porque será medicina a tu cuerpo y refrigerio para tus huesos.

Proverbios 3: 7-8

Claman los justos, y Jehová oye, y los libra de todas sus angustias. Cercano está Jehová a los quebrantados de corazón; Y salva a los contrito de espíritu. Muchas son las aflicciones del justo, pero de todas ellas le librará Jehová.

Salmos 34: 17 -19

En medio del proceso con Isaac, mi esposo volvió a abandonarme y aunque no voy a tratar las situaciones que pasé con mi esposo en este libro, quiero decir que la tristeza y la vergüenza me consumían, estuve sujeta a él hasta que el Señor me liberó. Sufrí mucho, derrame muchas lágrimas, pero el Señor me ministró en una ocasión, que no me había zambullido las siete veces en el Jordán, que, aunque las aguas estuvieran sucias, tenía que seguir sumergiéndome en ella, así que seguí soportando la situación con mi esposo hasta que un día el Señor me dijo: "El yugo se pudrió a causa de la unción, ya no esperes más en tu esposo porque yo lo deshecho, de ahora en adelante yo seré tu marido y el padre de tus hijos". Fue una liberación total y después de eso, se abrieron las puertas que habían estado cerradas para mí.

Una noche el Señor me habló en sueño la porción de Isaías 54: 4-8 y 11-17 que dice:

No temas, pues no serás confundida; y no te avergüences, porque no serás afrentada, sino que te olvidarás de la vergüenza de tu juventud, y de la afrenta de tu viudez no tendrás mas memoria. Porque tu marido es tu hacedor; Jehová de los ejércitos es su nombre; y tu redentor, el Santo de Israel; Dios de toda la tierra será llamado. Porque como mujer abandonada y triste de espíritu te llamó Jehová, y como a esposa de la juventud que es repudiada, dijo el Dios tuyo. Por un breve momento te abandoné, pero te recogeré con grandes misericordias. Con un poco de ira escondí mi rostro de ti por un momento; pero con misericordia eterna tendré compasión de ti, dijo Jehová tu Redentor.

Porque los montes se moverán, y los collados temblarán, pero no se apartará de ti mi misericordia, ni el pacto de mi paz se quebrantará, dijo Jehová, el que tiene misericordia de ti. Pobrecita, fatigada con tempestad, sin consuelo; he aquí que yo cimentaré tus piedras sobre carbunclo, y sobre zafiros te fundaré. Y todos tus hijos serán enseñados por Jehová; y se multiplicara la paz de tus hijos. Con justicia serás adornada; estarás lejos de opresión, porque no temerás, y de temor, porque no se acercará a ti. Si alguno conspirare contra ti, lo hará sin mí; el que contra ti conspirare, delante de ti caerá. Ninguna arma forjada contra ti prosperará, y condenarás a toda

lengua que se levante contra ti en juicio. Esta es la herencia de los siervos
de Jehová, y su salvación de mi vendrá, dijo Jehová.

El Señor me habló estas palabras en sueño; se las recitó a mi alma, pude sentir la ternura y el amor de Dios hacia mí; me sentí mimada, amada y fortalecida. El Señor restauró mi vida con estas palabras porque, no iban solamente a mí, sino también para mis hijos. Cuando desperté, inmediatamente fui a la Biblia para verificar que ese era el pasaje que Dios me había citado, cuando lo leí, sentí la misma emoción que sentí en el sueño, mi vida fue otra a partir de ahí, me sentí liberada, se fue la aflicción por el abandono de mi esposo, me fue restaurada la paz y el gozo, fue algo tan radical que todo el mundo notó el cambio en mí, me decían que me veía radiante, que me veía diferente para bien.

LA VOZ DE DIOS AUDIBLE

Isaac fue creciendo con cierta debilidad, comenzó a caminar después de cumplir el año, pero se caía muy a menudo, eso comenzó a preocuparme porque siempre que se caía se partía la boca, la situación fue empeorando a un nivel que Isaac se partía la boca todos los días, en una de esas caídas se le partió un diente, en la última caída se mordió la lengua y también se partió los labios, estaba en una condición que no podía comer, tenía que ponerle anestésico en la boca y lo alimentaba con un sorbete por un lado de la boca, mi abuela me decía que el niño tenía debilidad en las rodillas y que yo no debería dejarlo caminar, ese día en particular, Isaac lloró mucho, su boca estaba infectada y muy hinchada, yo decidí llevarlo al médico al otro día, pero esa noche sentía que no podía faltar a la iglesia, así que lo dormí temprano y dejé a Josué y a Gianna para que lo vigilaran y le avisaran a mi abuela si se despertaba. Estaba en un dilema, por un lado la carne me decía que si me iba a ir a la iglesia estando el niño como estaba y por otra, el Espíritu me insistía que fuera a la iglesia, decidí ir a la iglesia, llegué y me puse a orar de rodillas antes de que comenzara el servicio, al momento de comenzar a orar escucho que me dicen: "Yo escogí a Isaac para predicar mi palabra, por eso el enemigo quiere destruir su boca, cuando llegues a tu casa , úngele la boca con aceite", yo levanté la cabeza, abrí mis ojos y miré alrededor, estaba atónita y pensaba "Señor, fuiste tú que me hablaste así con voz audible", yo no podía creer lo que estaba sucediendo, que Dios me estuviera hablando con voz audible, me pase todo el culto pensando: "Dios me habló, Dios me habló".

Al final del servicio, el pastor pidió que pasaran al frente los que tuvieran un motivo especial de oración, yo pase al frente junto con otro grupo de hermanos, cuando estaba ahí frente al altar, le dije al Señor, "confírmame que tú me hablaste" y volví a escuchar su voz que me dijo: "Si te dije que yo escogí a Isaac para predicar mi palabra y que por eso el enemigo le quiere destruir la boca, cundo llegues a tu casa úngele la boca con aceite". Cuando terminé de escuchar la voz, caí al suelo, pero todos lo que estaban a mi alrededor también cayeron al suelo al mismo tiempo, cuando volví en sí, me levanté y comencé a danzar gritando: "Dios me hablo, Dios me hablo". Una de las hermanas que había caído al suelo me dijo que ella sintió como si me arropaban con un manto y que la fuerza de ese manto la tumbó, los demás no podían expresar lo que habían sentido, solo que sintieron una fuerza que los empujó, entonces yo les conté en la condición que estaba Isaac y lo que Dios me había dicho. Corrí a mi casa y le ungí la boca a Isaac como Dios me dijo, al otro día el niño amaneció con la boca completamente sana y jamás se golpeó en la boca. Mi abuela y todos los que habían visto como estaba la boca de Isaac, estaban maravillados de ver cómo amaneció con su boca sana y cómo dejó de caerse, todos fueron testigos del milagro.

LA VISIÓN DE ISAAC

Cuando Isaac tenía dos años, hablaba poco para su edad, decía algunas palabras y frases cortas, pero no hablaba claro. Una tarde lo dejé durmiendo en mi cama y fui a bañarme. Cuando estaba en el baño escuché que estaban orando y alabando a Dios en mi cuarto. Yo me envolví en una toalla y salí del baño para ver quién estaba orando en mi cuarto, cuando entré vi a Isaac de rodillas en medio de la cama con sus dos manos arriba, orando y alabando al Señor con voz clara y fluidez como si fuera un adulto, yo me quede pasmada, no lo interrumpí. Cuando terminó de orar volvió y se acostó y siguió durmiendo, entonces la que comenzó a alabar fui yo, pero cuando el niño despertó siguió hablando como el bebé de dos años que era.

Un tiempo después, cuando tenía tres años, una tarde yo estaba en la cocina e Isaac estaba en mi cuarto,(como tuvo tanto problema al nacer, yo siempre dejé su cuna en mi cuarto), de momento, él me llama con mucha urgencia: "mami, mami ven", yo corrí a la habitación y él estaba parado al pie de mi cama con una cara de asombro y me dice: "Mira mami papá Dios estaba aquí, porque el que está ahí abajo me dijo que él era papá Dios, entonces papá Dios vino y me dijo que ese no era papá Dios y mira papá Dios se paró ahí y me dijo que él era papá Dios y él es tres papá Dios, son tres papá Dios mami". y me repetía que papá Dios eran tres papás Dios, entonces entendí que había tenido una visión y le dije que sí, que papá Dios era Padre, Hijo y Espíritu Santo, el no pudo describirme como era papá Dios, pero sí que eran tres.

Con esas experiencias comencé a entender porque el enemigo quería deshacerse de él desde antes de nacer. Una tarde, fue un grupo de los jóvenes de la iglesia a orar en mi casa y uno de ellos me dijo: "Veo el manto de Elías sobre ese niño, pero el manto es de color dorado". En otra ocasión, estando en un campamento de la iglesia, la esposa de un pastor paso frente al banco donde yo estaba sentada con Isaac, ella miró hacia nosotros y se devolvió, puso sus manos sobre la cabeza de Isaac y comenzó a orar en lenguas, terminó la oración y siguió su camino sin decirme ni una palabra.

LA GRAN PRUEBA

Un día Isaac amaneció con malestar de gripe, estaba moqueando, desganado y sin apetito, yo le di de los medicamentos que tenía para la gripe, pero no mejoró y en la noche le subió una fiebre muy alta, así que me levanté temprano y me fui al médico con él. Le tiraron placa y me dijeron que le estaba comenzando una neumonía, y lo ingresaron. Al tercer día presentó cierta mejoría y al otro día le dieron de alta sin repetirle la placa. Llegamos a la casa y él estaba un poco animado, jugó un poco y comió, pero se le sentía un silbido en el pecho, pero en la noche le subió una fiebre tan alta que casi convulsionó y comenzó a respirar con mucha dificultad. Corrí a la clínica con él y la doctora que lo recibió me dijo que cómo le habían dado de alta a ese niño, me dijo: "Señora, este niño esta grave". Le mandó a tirar placas de emergencia y el resultado fue una neumonía total. A ese punto, mi hijo estaba inconsciente, al punto de no sentir cuando lo canalizaron, ni las inyecciones que le pusieron, no reaccionaba y así estuvo dos días sin abrir los ojos, solo emitía un pequeño quejido de vez en cuando.

Al segundo día despertó, pero la fiebre no cedía, en la tarde del tercer día llegó una señora con una niña que le acaban de ingresar, tan pronto entró en la habitación exclamó: ¡Santo Dios, ya sé porque estoy aquí! Tan pronto canalizaron a su hija y la enfermera salió de la habitación, ella me dijo: "Tú eres ¿verdad?", Yo le contesté que sí, entonces me dijo; el Señor me mandó aquí por ti, hay una batalla que tú tienes que pelear y el Señor me mando a ayudarte porque hay una enviación de muerte contra tu hijo, yo te voy a ayudar ahora, pero hay una batalla que tú tienes que pelear sola. Yo me impresioné bastante porque en el tiempo que estuvo ahí, no solo me habló de mi hijo, sino que también me habló de la situación con mi esposo y cómo el Señor me quería sometida y humillada.

Fueron varias personas a visitarme ese día, unos se iban, otros llegaban hasta que terminó la hora de visita.

Una de las hermanas de la iglesia que me visitó durante el día me dijo: "Hay que orar mucho, porque veo una situación espiritual muy fuerte con tu hijo". Al momento de irse la última visita, el niño comenzó a convulsionar, los médicos y enfermera corrieron, comenzaron a medicarlo y a tratar de bajar la fiebre, pero cuando dejó de convulsionar, yo vi cómo mi hijo se perfiló para morir, le vi un rostro de muerte y literalmente mi corazón se encogió y me dolió, un dolor físico. Entonces comencé a llorar desesperada, en ese momento, la señora que estaba ahí me agarró por las dos manos y me dijo: "Llegó la hora de pelear, tienes que pelear por tu hijo". Ella comenzó a guerrear mientras sostenía mis manos, pero yo no podía orar, cerraba mis ojos y veía un ataúd, perdí la noción del tiempo. Mientras los médicos luchaban por la vida de mi hijo, yo solo podía llorar, entonces Flori (así se llama la señora que estuvo ahí conmigo) ,me sacudió fuerte y me dijo: "Reacciona, tú eres una guerrera y llegó el momento de ejercer autoridad, o vas a dejar que te quiten a tu hijo". Entonces comencé a orar, comencé a guerrear, no sé qué tiempo estuvimos orando como locas en esa habitación, los médicos y enfermeras que estaban ahí en ningún momento nos interrumpieron, ni nos mandaron a salir de la habitación, ni siquiera a bajar la voz a pesar de que estábamos haciendo un estruendo a media noche en una clínica, nadie se atrevió a interferir, después de una o dos horas, no se decir el tiempo, tuve una visión; vi los pulmones de mi hijo, estaban llenos de grandes espinas negras, y vi como unas pinzas ardientes comenzaron a sacar las espinas una por una hasta sacarlas todas. Tan pronto terminó la visión escuché a Isaac llorar y los médicos me dijeron que se había estabilizado y salieron de la habitación, pero cuando fui a acercarme a Isaac él me rechazó, me empujó y me dijo: "Vete, vete, quítate". Yo seguí intentando acercarme y calmarlo, pero cada vez que me acercaba él gritaba con desesperación. Entonces Flori me dijo: "Tú vas a entender después lo que está pasando, pero esa batalla tú vas a tener que pelearla sola". Al otro día temprano le dieron de alta a su hija y ella me dijo: "Yo te dije que mi hija no tenía nada, el Señor hizo que se sintiera mal y que la ingresaran aquí para ayudarte a pelear esa batalla, pero ahora tienes que seguirla sola".

A Isaac le siguieron las fiebres durante el día, entonces decidí tener una vigilia, yo necesitaba entender el propósito de Dios, me pasé la noche orando, leyendo la palabra y cantando al Señor. Al otro día la doctora llegó y cogió el expediente del niño y me dijo: "Yo no sé porque él no ha respondido al tratamiento que tiene, así que le voy a desaparecieron, un día después me llevaron a Josué y Gianna que estaban los dos con vómitos y fiebre. Ya ese episodio se lo conté en el capítulo que trata de Josué, a Isaac me le dieron de alta ese día y comenzó la carrera con Josué.

PELEANDO MI BATALLA

Al principio de este libro, en la parte final de "Perdiendo el temor", les comenté que fue muy dura la batalla que tuve que pelear para reconocer y usar la autoridad que Dios me había dado para reprender demonios. Esa es la batalla que voy a tratar en esta parte.

Cuando a Josué le dieron de alta, Isaac estaba todavía en recuperación, estaba desganado y débil. Una tarde llegó mi amiga la pastora Mirella a visitarme, tan pronto ella llegó Isaac comenzó a llorar, yo lo cargué y lo senté en mis piernas, pero él no quería que la pastora hablara, se tapaba los oídos y le decía: "Cállate, cállate". Cuando ella comenzó a orar, el niño literalmente se le fue encima, la manoteó y, le tiró puñetazos, como yo lo agarré, le tiraba patadas y le gritaba: "Cállate, vete de aquí". Pero la pastora no dejó de orar hasta que él se calmó. Cuando terminó de orar, me dijo lo mismo que ya varias hermanas me habían dicho; Esta es una batalla que el Señor quiere que tú pelees sola.

Yo comencé a entender lo que el Señor quería de mí. Esa noche sentí como una presencia maligna entró por la ventana de mi habitación, al momento vi como agarraban al niño y lo tiraban con fuerza en la cama. El niño se despertó y comenzó a llorar histérico, yo traté de agarrarlo y fue como si mis manos lo quemaran, me empujó la mano y me gritó: "Nooo, vete, vete", entonces me armé de valor, un valor que yo no sabía que tenía, me levanté de la cama y dije: "Óyeme bien, demonio, llámete como te llames, yo soy una hija de Dios y ese es mi hijo, un escogido de Dios y estamos cubiertos con la sangre de Cristo, así que no te permito que molestes más a mi hijo ni que entres en mi casa, te vas ahora mismo en el nombre de Jesús y no vuelves". En ese momento sentí que debía ir a cubrir a mis otros hijos, ya Isaac había dejado de llorar.

Cuando salí a la sala, en uno de los sofás estaba sentado un niño o debo decir un demonio con forma de niño, pero estaba arrugadito como un viejito y no se dé dónde me salió el valor, porque no me asusté cuando lo vi y le dije: ¿Y tú? ¿Qué haces aquí? Esta es mi casa y ese es mi sofá, te vas en el nombre de Jesús y no vuelves más, voy a seguir a la habitación de mis hijos, que cuando vuelva ya tú no estés aquí. Seguí a la habitación de Josué y Gianna, los cubrí y reprendí y así me pasié por toda la casa, cuando volví a la sala estaba limpia, cuando entré de nuevo a mi habitación ya Isaac estaba dormido, pero esa presencia maligna estaba ahí, en realidad no recuerdo lo que le dije, pero salió como un viento recio que movió las ventanas y las cortinas y escuché que tumbaba todos los tarros que tenía en el barcón, yo cerré la ventana y me acosté y me dormí en completa paz.

Al otro día cuando me levanté mire al balcón y todos los tarros estaban en su sitio, ninguno estaba roto, al momento los vecinos comenzaron a preguntarme que era lo que había pasado en mi casa durante la noche, pero una vecina cristiana, que vivía al otro lado de la calle me dijo: "Tuviste tremenda batalla anoche, pero venciste y yo te ayudé". Y gloria a Dios, mi hijo Isaac jamás fue molestado, jamás se enfermó, y fue así como aprendí que el Señor me había dado la autoridad para reprender demonios, él quiso que peleara esa batalla sola para que me diera cuenta de que ya él me había quitado el temor. Me pasó por ese proceso para prepararme, porque tuve que pelear muchas batallas de liberación en hogares de hermanos, y orar por la liberación de personas y Dios siempre me ha dado la victoria, puedo percibir a los demonios, pero no tengo ningún temor. GLORIA A DIOS.

Quiero terminar este capítulo sobre mi hijo Isaac con algunos versículos del salmo 18.

Te amo, oh Jehová, fortaleza mía. Jehová, roca y castillo mío, y mi libertador; Dios mío, fortaleza mía, en él confiaré; Mi escudo, y la fuerza de mi salvación, mi alto refugio. Invocare a Jehová, quien es digno de ser alabado, y seré salvo de mis enemigos.

Me rodearon ligaduras de muerte, y torrentes de perversidad me atemorizaron.

En mi angustia invoqué a Jehová, y clamé a mi Dios. El oyó mi voz desde su templo, y mi clamor llegó delante de él a sus oídos.

Envió desde lo alto; me tomó, me sacó de las muchas aguas. Me libró de mi poderoso enemigo, y de los que me aborrecían; pues eran más fuerte que yo.

Dios es el que me ciñe de poder, y quien hace perfecto mi camino; Quien adiestra mis manos para la batalla. Pues me ceñiste de fuerzas para la pelea; has humillado a mis enemigos debajo de mí.

Viva Jehová, y bendita sea mi roca, y enaltecido sea el Dios de mi salvación.

Por tanto, yo te confesaré entre las naciones, oh Jehová, y cantaré a tu nombre.

MISCELÁNEOS

Después de haber relatado los testimonios más relevantes, sobre la vida de mis hijos, quiero testificar de como Dios se ha glorificado en diferentes áreas de mi vida, con el propósito de motivar al lector a creer en Dios, a mantener su confianza puesta en él, en cualquier circunstancia que se les presente. Yo he adoptado un lema para mi vida: LA FE NO ES CREER QUE DIOS PUEDE HACERLO; ES SABER QUE DIOS LO HARÁ.

> *"Oh Señor Jehová! he aquí que tú hiciste el cielo y la tierra con tu gran poder, y con tu brazo extendido, ni hay nada que sea difícil para ti".*
>
> *Jeremías 32:17*

MI EXPERIENCIA CON EL ESPÍRITU SANTO

Después de veintidós años de servirle al Señor, en la iglesia donde me convertí, el Señor me sacó de allí y comencé a congregarme en una iglesia pentecostal. Como les había mencionado al principio de este libro, la denominación a la que pertenece la iglesia donde me congregaba, no cree en la obra activa del Espíritu Santo; si creen que somos sellados por el Espíritu Santo cuando nos convertimos, pero no creen en el bautismo del Espíritu Santo, ni el hablar en lenguas, ni en el ministerio de la mujer, tampoco creen en que Dios nos habla de manera particular.

Al poco tiempo de estar congregándome en la iglesia "EL CAMINO A DIOS", celebraron una semana de Énfasis en el Espíritu Santo, con el propósito de enseñar a la iglesia sobre la obra activa del Espíritu Santo y motivar a que cada uno buscara y anhelara el bautismo del Espíritu Santo. La iglesia tenía poco tiempo de fundada, así que la mayoría de los hermanos eran nuevos creyentes y para mí, aunque tenía tantos años en el evangelio, era un tema completamente nuevo, así que, comencé a orar pidiéndole al Señor que abriera mi entendimiento y me diera revelación, porque yo no quería pecar dudando de algo que fuera de Él, comencé a hacer esa oración todos los días, y una tarde en que estaba leyendo la Palabra en el libro de Juan; recibí el rema, cuando leí en Juan 14:26.

"Mas el consolador, El Espíritu Santo, a quien el padre enviará en mi nombre, él os enseñará todas las cosas, y os recordará todo lo que yo os he dicho".

Y Juan 16:13-14

"Pero cuando venga el Espíritu de verdad, él os guiará a toda la verdad; porque no hablará por su propia cuenta, sino que hablará todo lo que oyere, y os hará saber las cosas que han de venir. Él me glorificará; porque tomará de lo mío, y os lo hará saber".

Cuando leí esto, salté de la silla, donde estaba sentada, dancé, y alabé al Señor. Nunca había danzado, nunca había recibido una revelación de esa manera, el

Espíritu le habló a mi espíritu y entendí la obra activa del Espíritu Santo en la iglesia y en la vida de los creyentes, entendí como él nos habla y nos revela los propósitos del Padre. Estaba eufórica, pero eso fue solo el comienzo.

Cuando fui a la iglesia esa noche, había un predicador invitado. Al finalizar el servicio él invitó a que todo el que quisiera oración pasara al frente. Yo dejé a Gianna cuidando de Isaac en la silla y pasé al frente. El pastor comenzó a orar y a poner sus manos sobre algunos hermanos, cuando llegó donde mí, puso una mano en mi frente y me dijo: "Te saqué de donde estabas porque estabas fría, te traje aquí para ponerte como un tizón encendido; vas a estar como general al frente de este ejército". No me di cuenta cuando caí al suelo. Escuché a Gianna e Isaac llorando, ellos estaban asustados porque su mami se había caído. Podía escuchar a algunos hermanos tratando de calmarlos y pensé: "Ay Dios mío, estoy en el suelo". Inmediatamente traté de pararme para calmar a mis hijos, pero cuando intenté levantarme, mi cuerpo se puso boca abajo, y por más que intentaban levantarme, no podía despegar mi cuerpo del piso. Recuerdo que movía mis brazos, estaba aleteando como un pollo, pero no podía apoyar mis manos en el piso para levantarme, entonces quise hablar para pedir ayuda, pero mi lengua se trabó y solo me salía un lenguarage, entonces la pastora se acercó y me susurró: "No luches, no te resistas al Espíritu". Entonces dejé de luchar, entendí que estaba siendo bautizada por el Espíritu Santo y comencé a alabar el Señor, pero en lenguas.

Cuando comencé a alabar al Señor sentí como que estaba sola con Dios y que no había nadie alrededor, me sentía como si flotara y no sé qué tiempo transcurrió hasta que pude levantarme. Ya habían despedido el culto, pero había muchos hermanos allí todavía. Sentía una paz y un gozo que nunca había sentido, lo único que quería era alabar a Dios. Muchos hermanos se acercaron a felicitarme, otros a preguntarme qué había sentido y otros a manifestar el anhelo que tenían de vivir esa experiencia. Allí había algunos hermanos que habían salido de la iglesia donde yo me congregaba y ya tenían un año congregándose allí, pero ellos recibieron el bautismo del Espíritu mucho tiempo después.

Esa noche casi no pude dormir, tuve que hacer vigilia de oración y alabanza, era tanto el gozo que no podía estar en la cama, una de las oraciones que hice esa noche fue, que quería que el Señor me hablara como le habló a Daniel; en sueño, en visión y de toda forma y el Señor me concedió ese privilegio, hasta el de hablarme con voz audible. Han sido muchos los sueños, visiones y revelaciones que he tenido y voy a mencionar algunos de ellos.

1.   Una noche soñé que mi hermano Robert había tenido un accidente y se le había quitado la piel de su cara y parte de su cuerpo, y se veía su carne al rojo vivo. Mi hermano tenía una moto "ninja" y por lo regular salía los fines de semana con amigos que también tenían de esas motos grandes. Yo tuve el sueño un viernes, el sábado cuando vi a mi hermano le pregunté si pensaba salir y él me dijo que sí, que en la tarde iban a la playa, entonces le conté el sueño y le dije que no saliera, pero él no me hizo caso. En la tarde, me acordé del sueño y me inquieté. Bajé a la casa de mi mamá y le pregunté si Robert había salido y ella me dijo que si, que hacía rato que había salido para la playa, entonces le dije a mi mamá: "Pues vamos a orar para que Dios lo libre". Entramos al cuarto de mi mamá para orar y al momento de estar orando, fueron a avisarle a mi mamá de que Robert había tenido un accidente y estaba en el hospital. Salimos corriendo al hospital y tal como lo había visto en el sueño, así estaba, se había raspado toda su cara, sus hombros, brazos y el pecho estaban en carne viva porque rodo una gran distancia en el pavimento. La persona con la que chocó perdió una pierna, pero mi hermano no tuvo fracturas, solo la pérdida de piel y aunque estuvo mucho rato inconsciente, no tuvo mayores secuelas del accidente.

2.   En otra ocasión, soñé que a Robert lo habían apuñalado y estaba tirado frente a la cancha de baloncesto del barrio, cuando yo lo miré vi la cara de mi hermano Juan Francisco, pero sabía que era Robert el que estaba apuñalado. Inmediatamente me levanté y me tiré de rodillas a interceder por él. A las

6 de la mañana tocaron a mi puerta y mi corazón dio un pálpito. Cuando abrí la puerta, era mi hermano Juan Francisco para decirme que a Robert lo habían apuñalado y que estaba en la clínica, yo palidecí y mi hermano me dijo: "No te asustes, él no esta grave, lo salvó la correa, el puñal no entró muy profundo porque atravesó la correa".

El Señor en una ocasión me dijo que fueron muchas las ocasiones que libró a Robert de la muerte por mi intercesión. En varias ocasiones el Señor me dio sueños con él e inmediatamente me ponía a interceder.

3. Un día mientras viajaba en un bus desde la capital a San Cristóbal, vi a mi hermano Yoan que había perdido un ojo. Fue una visión como un flash, solo vi a Yoan que le faltaba un ojo y la sangre corría por su cara. Cerré mis ojos y me puse a orar pidiéndole a Dios que lo librara de todo peligro y de todo accidente. Cuando llegué a casa de mi mamá, mi abuela estaba en la galería y la vi muy agitada, cuando le pregunté que pasaba ella me dijo: "Ay, mi hija, ahora mismo acaba de salir tu mamá para el hospital con Yoan, le dieron una pedrada en un ojo". Se me aflojaron las rodillas y tuve que sentarme y le dije a mi abuela la visión que había tenido, entonces me dijeron que la herida fue encima del ojo. Yo le agradecí al Señor porque me movió a interceder para salvar su ojo.

4. En otra ocasión, también viajando de retorno a San Cristóbal en un autobús, vi en visión a mi hijo Josué caer y rodar por las escaleras que daban de mi cocina al patio de mi mamá. Tan pronto tuve la visión comencé a orar por Josué. Cuando llegué, entre a la casa de mi mamá y me detuve en la cocina a hablar con ella antes de subir a mi casa. Josué me escuchó hablar y salió corriendo, diciendo: "Llegó mi mami, llegó mi mami". Cuando lo oí salí al patio y en ese mismo momento lo vi caer tal y como lo había visto en la visión, rodó hasta el último escalón y escuché a mi mamá decir: "se mató". Yo corrí a levantarlo temblando de terror, pero increíblemente, Josué no tenía

ni un rasguño, él lloraba por el susto y me dijeron que lo llevara al hospital porque algún golpe debía tener, aunque no lo sintiera en el momento, pero yo le dije que Dios había amortiguado su caída, así que lo bañé y revisé todo su cuerpo, le pregunté dónde le dolía y me dijo que a él no le dolía nada. ¡GLORIA A DIOS!

ES COMO DIOS DICE,
NO ALGO QUE SE PAREZCA

Yo estaba trabajando en una estancia infantil por la mañana y en una escuela rural en la tanda de la tarde. La estancia estaba al otro extremo del pueblo donde vivía, y la escuela, en las afueras del pueblo, así que me levantaba bien de madrugada para hacer desayuno, cocinar o adelantar la comida y preparar a Gianna para la escuela, (Josué e Isaac estaban en la tanda vespertina). Salía a las 12:00 de la estancia, cogía un motoconcho para llegar a mi casa, le preparaba y servía la comida a mis hijos, preparaba a Isaac y Josué para la escuela y a las 1:40 iba de camino en motoconcho a la escuela donde trabajaba hasta las 6:00 p.m. Los martes y jueves había culto en la iglesia y los otros días de la semana, por lo regular tenía algún compromiso como estudio bíblico, discipulado, reunión o visitar algún hogar con necesidad. El caso es que no tenía tiempo para nada, me estaba sintiendo agotada y comencé a orar para que el Señor me concediera el traslado de la escuela de la Plena a la escuela de Madre Vieja que me quedaba a cinco minutos caminando desde mi casa.

En los días que comencé a orar, abrieron concurso de educación para contratar maestros. Participé en el concurso y pasé, así que, me dieron la otra tanda. Dejé el trabajo en la estancia infantil y fui al distrito escolar a solicitar que la tanda de la mañana me la dieran en la escuela de Madre Vieja. Me dieron un rotundo no por repuesta, yo le insistí, le expliqué la condición de salud de mi hijo Josué, pero me dijeron que no había vacante para la escuela de Madre Vieja y me ofrecieron cambiar la tanda de la tarde para la escuela de Lava Pies, que es el mismo sector donde estaba la estancia infantil. Yo acepté el traslado de La Plena a Lava Pies, pero seguía pidiéndole al Señor las dos tandas en Madre Vieja.

Cuando fui el primer día a la escuela en Lava Pies, el director de la escuela me preguntó donde vivía y yo le dije que, en Madre Vieja, él me dijo: "le pregunto porque allá en Madre Vieja hay una maestra que vive aquí en Lava Pies, cerca de la escuela y hace tiempo que está tratando de conseguir el traslado, ¿a ti no te gustaría hacer el cambio con ella?". Le dije, claro que sí, entonces me dio el nombre de la maestra y me dijo que fuera a hablar con ella porque era más fácil hacer el cambio antes de que yo tomara posesión del cargo. Esa misma tarde fui a la escuela de Madre Vieja y hablé con la maestra, ella me dijo que estaba ansiosa por hacer el cambio, así que de allí me fui al distrito escolar y aunque me pusieron algunas trabas, al final aceptaron el cambio. Así que ya tenía la tanda de la tarde en Madre Vieja, pero no sabía dónde me iban a dar la tanda de la mañana. Seguí orando, pidiéndole a Dios que completara la obra y me concediera la otra tanda en Madre Vieja también.

Hablé con una amiga que trabajaba en el distrito escolar y me dijo que no había vacante para la escuela de Madre Vieja. Yo seguí orando y sentí paz, sentí una confirmación de que el Señor concedía mi petición, que no me quedó duda. Al otro día me fui al distrito escolar y solicité hablar con la directora. Después de un tiempo de espera me mandó a pasar. Yo le planté mi situación, le expliqué por qué necesitaba las dos tandas cerca de mi casa y ella me dijo: "Me gustaría ayudarte, pero no tengo vacantes en Madre Vieja, pero tengo en todas las escuelas del área, en Hatillo, San Rafael y Villa Mercedes, ¿dime a cuál de esas te quieres ir?". Yo le dije: "A ninguna de esas, yo quiero y necesito ir a la escuela de Madre Vieja". Ella me dijo: "Bueno pues lo siento mucho, vete y piensa cuál de las que te ofrecí vas a escoger antes de que se llenen esas vacantes". Y yo le respondí: "Yo no me voy a ir, yo voy a estar sentada en la sala de espera hasta que usted me dé la asignación para la escuela de Madre Vieja". Ella se encogió de hombros y yo salí y me senté en la sala de espera. Eran como las 10:30 de la mañana, el tiempo iba pasando y yo seguía allí orando, ella salió un par de veces de la oficina, me miraba y encogía los hombros, pero yo seguía orando y esperando.

Cerca del medio día fue mi amiga Andreli y me dijo: "Ruth, de verdad no hay vacante para Madre Vieja, coje una de la que te quedan cerca", y yo le dije: "Yo no voy a una cerca, yo voy para Madre Vieja. Ella me dijo que no podía ayudarme que ya le había insistido a la directora y le había dicho que no había vacante, yo le dije:" Yo sé que hay una vacante para mí en la escuela de Madre Vieja". Ella se despidió me dijo que se iba a almorzar y que nos veríamos luego, yo le agradecí y al rato vi a la directora que salió también a su hora de almuerzo, yo seguía tranquila, orando y esperando. Como a la 1 p.m. la directora regresó de su almuerzo, cuando me vio me dijo: "¿Y tú estás aquí todavía?", yo le respondí: "Yo le dije que yo no me iba hasta tener mi asignación para Madre Vieja", ella no dijo más nada, entró a su oficina, y como a los quince minutos asomó la cabeza y me llamó, yo entré a la oficina y ella me pasó una carta y me dijo; no me queda de otra contigo, aquí tienes tu asignación para Madre Vieja. ¡ALELUYA! Yo exclamé: ¡Gloria a Dios!". Le agradecí y salí de allí alabando y glorificando al Señor. Esa misma noche di el testimonio en la iglesia, y había una hermana que yo no sabía que trabajaba en ese distrito escolar, ella al final del servicio me dijo: "Verdaderamente Dios lo hizo, porque cuando esa directora dice 'No', no hay quien la haga cambiar de opinión, además esas plazas en escuela céntricas la reservan para las personas que van recomendada por los políticos".

Dios es muy específico, cuando tengamos la aprobación de Dios, en cualquier cosa que le pidamos, no aceptemos algo parecido o alternativo a lo que él ya nos concedió. El enemigo me ofreció muchas escuelas cercanas a Madre Vieja, parecían una buena alternativa; pero, la que yo le pedí al Señor y él aprobó, fue la de Madre Vieja, allí estaba mi bendición. Ahora tenía las dos tandas cerca de mi casa; se acabó el pagar pasaje, se acabó el coger un motoconcho cuatro veces al día, se acabó el estropeo, el agotamiento y el afán de vida. ¡GLORIA A DIOS POR SIEMPRE!

"Y esta es la confianza que tenemos en él, que,
si pedimos alguna cosa conforme a su voluntad, él nos oye.
Y si sabemos que él nos oye en cualquier cosa que pidamos,
sabemos que tenemos las peticiones que le hayamos hecho".

1 Juan 5:14-15

PROVISIÓN DIVINA

Yo vivía en un pequeño apartamento que construí encima de la casa de mi mamá, tenía solo dos dormitorios, pero allí no pagaba renta. El Señor comenzó a tratar conmigo para que me mudara de allí, eso desató una batalla interior en mí, me cuestionaba; como voy a mudarme de mi propia casa para ir a pagar renta. La condición de Josué absorbía prácticamente toda mi economía, así que siempre estaba con deudas, aún sin pagar renta. Pasaron unos días y yo seguía sin decidirme a salir a buscar casa, hasta que una tarde sonó mi teléfono; era mi amiga la pastora Mireya y me dijo: "Dice el Señor que es tiempo de salir de tu tierra y de tu parentela al lugar que él te mostrara". Le dije que esa era una confirmación de parte de Dios.

Ese mismo día salí a buscar casa. Fui a casa de una hermana en un sector cercano, le dije que estaba buscando casa porque el Señor me había mandado a mudarme y ella me dijo que cerca se había desocupado un apartamento que era de un hermano de la iglesia y me acompañó a verlo. El apartamento era bastante amplio y con tres dormitorios, además el área era muy tranquila. Esa noche había culto en la iglesia y vi al dueño del apartamento, me acerqué a él al final del culto y cuando le dije de mi interés en rentar su apartamento me dijo que estaría encantado de rentarle a alguien de la iglesia. Me dijo que fuera al otro día donde la abogada, que él le iba a hablar para decirle que iba de parte de él y no solo eso, le dijo que no le hiciera al aumento previsto, que me la dejara con el mismo precio que tenían los inquilinos anteriores, así que le di la gloria a Dios porque él ya tenía escogido el lugar donde iba a vivir, el problema es que yo no tenía ni un solo peso y necesitaba $12,000 para rentar el apartamento.

Cuando llegué a la casa llamé a mi mamá a Nueva York y le dije lo que estaba pasando. Mi mamá cuando algo es de Dios no cuestiona nada, y me dijo: "Hoy mismo abrí una alcancía para ir a depositar el dinero, tiene 400 dólares, así que te los voy a prestar". Los 400 dólares en ese momento hacían exactamente $12,000 pesos, así que renté el apartamento y me mudé, bajo la crítica de muchos que no entendían cómo con la situación económica que tenía, me iba a ir a pagar renta.

En ese tiempo, la iglesia estaba preparando células en los hogares para dar el estudio de "VIDA CON PROPÓSITO", así que ofrecí mi casa para una de las células. El pastor comenzó a visitar cada uno de los hogares donde se iban a dar los estudios bíblicos para orar y presentar el hogar al Señor, cuando estaba orando en mi casa dijo: "El Señor dice que su arca está visitando esta casa, hay provisión divina porque el arca de Jehová está aquí".

Pasaron los días y comencé a verme abrumada por las deudas, tenía que pagar la renta, la luz, el teléfono, las tarjetas de crédito, comprar comida...y todo mi salario se había ido en insulina para Josué. Una tarde sentí una gran urgencia de salir bien temprano para la iglesia, para tirarme delante del altar y tener un tiempo de oración antes de que comenzara el culto. Antes de salir me postré delante de mi cama y dije: "Señor, tú me dijiste que tu arca estaba en mi casa y que había provisión, pero nunca me había visto tan endeudada como ahora, me mudé aquí en obediencia a ti porque creo en ti, creo en tus promesas y le creo a tus profetas, sé que no me dejarás en vergüenza, yo espero esa provisión divina en el nombre de Jesús".

Mis hijos aun no estaban listos para la iglesia porque era muy temprano, así que les dije "Los espero en la iglesia", (la iglesia quedaba cerca de la casa, así que ellos podían llegar solos), yo tenía urgencia inexplicable por llegar temprano a la iglesia. Salí de mi casa y al doblar en la esquina, vi un bollo de papeletas envueltas con una gomita, miré para todas partes, cerca había un grupo de niños jugando y más adelante, un grupo de hombres sentados jugando dominó, yo me abajé, recogí el dinero y lo puse en mi cartera, no me atreví a contarlo hasta que llegué a la iglesia. Entré a una de las oficinas de la iglesia y cuando lo conté, habían $22,440 pesos, me puse bien nerviosa, y cuando llegó el pastor, le comenté lo que había pasado, él me dijo: "Hermana Ruth, le recomiendo que espere tres días, para ver si escucha de alguien que perdió ese dinero, después de tres días, si no escucha nada, esa es provisión de Dios para usted". Así lo hice, pasaron los tres días y no escuché nada. Los gastos y deudas que tenía hacían exactamente $20,000 pesos, saldé las tarjetas de crédito, pagué todos los pendientes, di el diezmo y me sobraron $400 pesos. Así se glorificó Dios en esa ocasión, pero fueron muchas otras las ocasiones en que vi la provisión divina.

En una de esas ocasiones se me terminó el gas para cocinar y yo no tenía dinero para comprarlo, así que oré: "Señor tú sabes que ahora no tengo dinero para comprar el gas y tengo que terminar de cocinar la comida para mis hijos, así que te ruego que pongas gas en el tanque para yo terminar de cocinar". Terminé de orar, fui al tanque de gas, lo tumbé en el piso, después lo levanté y lo sacudí y volví encender la estufa, encendió como si el tanque estuviera lleno, y no solamente terminé de cocinar ese día, cociné por tres días más hasta que cobré mi salario. El mismo día que me pagaron volvió a terminarse el gas, así que cada vez que se me terminaba el gas y no tenía el dinero para comprarlo, hacía lo mismo, oraba, sacudía el tanque y seguía cocinando hasta que conseguía dinero.

Una noche, haciendo el devocional con mis hijos les dije: "Tenemos que orar para que Dios provea, porque no hay nada para el desayuno y ni siquiera tengo el pasaje para ir a trabajar mañana". Así que cada uno le pidió a Dios que proveyera el desayuno y la comida del otro día y el dinero para el pasaje. Nos fuimos a dormir y al otro día a las seis de la mañana, había una hermana tocando mi puerta para darme 100 pesos que me debía y me dijo que sintió que tenía que llevarlo antes de ir a trabajar. Inmediatamente le dije a mis hijos que Dios había contestado la oración. Y así tengo muchos testimonios de provisión divina, solo les he relatado algunos porque quiero que conozcan a Jehová Jireh, el Dios que provee, lo único que necesitamos es fe.

"Por tanto, os digo: No os afanéis por vuestra vida, qué habéis de comer o qué habéis de beber, ni por vuestro cuerpo, qué habéis de vestir. ¿No es la vida más que el alimento, y el cuerpo más que el vestido? No os afanéis, pues, diciendo: ¿Qué comeremos, o qué beberemos, o qué vestiremos? Porque los gentiles buscan todas estas cosas, pero vuestro Padre celestial sabe que tenéis necesidad de todas estas cosas. Mas buscad primeramente el reino de Dios y su justicia, y todas estas cosas os serán añadidas".

Mateo 6: 25,31,32 y 33

ES MÁS BIENAVENTURADO DAR QUE RECIBIR

En el pueblo donde vivía, San Cristóbal, construyeron un centro comercial cerca de la iglesia donde me congregaba, allí vendían un pollo horneado verdaderamente delicioso que acompañaban con un pan de papa bien grande, así que, todos los domingos, al salir del servicio, íbamos a comprar el pollo para almorzar, a mis hijos les encantaba. Un domingo cuando salimos de la iglesia, el Señor me dice: Compra el pollo y el pan y llévaselo a Mireya. Yo me quedé un poco indecisa pensando que no tenía para comprar dos pollos y qué le iba a decir a mis hijos que esperaban el domingo para comer ese pollo, pero el Señor me dijo lo mismo otra vez, así que le dije a mis hijos que los iba a llevar a la casa y ellos me iban a esperar ahí en lo que yo iba a comprar el pollo, ellos me cuestionaron porque no iba a ir con ellos como siempre y les dije que tenía otra cosa que hacer.

Me fui al centro comercial y compré el pollo, el pan y un refresco y me fui a casa de mi amiga la pastora Mireya. Cuando llegué, ella estaba sentada en la galería en frente de su casa. Como siempre se alegró al verme y se levantó a recibirme, yo la saludé y le dije: No voy a entrar, solo vine a traerle esto, y le entregué la bolsa. Ella comenzó a alabar al Señor y llamó a uno de sus hijos y le dijo que fuera a ver lo que Dios había hecho. Entonces me dijo que sus hijos estaban desde temprano, pidiéndole que comprara pollo, pero ella no tenía dinero y le había hecho una sopa, que ninguno había comido y que ella misma tenía la boca hecha agua pensando en el pollo y el pan. Le dije como Dios me había mandado a comprar el pollo y a llevárselo, oramos y me fui a mi casa gozosa de haber obedecido y haber sido de bendición a esa familia, ni siquiera pensé en que le iba a decir a mis hijos cuando llegara a la casa con las manos vacías.

Cuando llegué a mi casa, el papá de mis hijos estaba ahí con ellos y ellos estaban muy emocionados, cuando él me vio que yo no llevaba nada en las manos me dijo: "Qué bueno que no compraste nada, porque estamos en La Sirena celebrando el cumpleaños de un compañero de trabajo y vine a buscarlos para que coman allá". ¡Gloria a Dios!, no solo comimos todo el pollo, pan, ensalada y lasaña que quisimos, sino que también pudimos llevar a la casa para el otro día, el Señor me triplicó lo que había dado. Aleluya.

Mi mamá hizo un viaje a Israel y de ese viaje me llevó un llavero que tenía la imagen de una canasta con cinco panes y dos peces, y la inscripción que decía: "multiplicación de los panes y los peces". Una noche, antes de salir para la iglesia, el Señor me dice: "Llévale ese llavero a Teresa y dile que, así como multipliqué los panes y los peces, será multiplicada la bendición en sus manos". Yo tomé el llavero y lo puse en mi cartera. Cuando llegué a la iglesia, entré por la puerta del frente y al mismo tiempo, Teresa iba entrando por una puerta lateral desde el parqueo. Yo me acerqué a ella y le dije que quería decirle algo y ella me dijo: "Yo también quería verte, tengo algo para ti". Entramos a un cuarto en la parte de atrás de la iglesia y yo le entregué el llavero y le dije las palabras que Dios me había dado para ella; ella comenzó a llorar, me pasó un sobre y me dijo: "Cuando iba saliendo de la casa para venir a la iglesia, el Señor me dijo que trajera esto para ti". En el sobre había mil pesos, nos abrazamos y lloramos viendo las maravillas de Dios. A través del tiempo pude ver cómo Dios bendijo e hizo prosperar a Teresa y a su familia, hoy en día ella y su esposo están pastoreando su propia iglesia.

Como presidenta de las damas en mi iglesia, siempre iba a visitar a las damas enfermas, las que daban a luz o las que tenían cualquier situación particular. Una de las hermanas había dado a luz y fui con otras dos hermanas a visitarla y a llevarle un presente al bebé. Cuando llegamos a la casa de esa hermana, la situación que vimos era deprimente; el niño mayor que tenía como dos años, estaba llorando, pidiendo leche, tenía hambre y ella no tenía nada que darle, ella también tenía hambre, lo único que había comido era un poco de avena en la mañana y ya eran como las cuatro de la tarde. Su esposo estaba sin trabajo y había salido a la capital a ver si conseguía algo de dinero para comprar comida y la leche del niño. Ella estaba esperando a que él llegara rogándole a Dios que hubiese conseguido algo. Una de las hermanas tenía unas galleticas en su bolso y se la ofreció al niño, quien se las comió con ansiedad. Después la mamá le dio un poco de agua y el niño se durmió. Nosotras oramos y nos despedimos, pero salimos de allí resueltas a buscar cada una algo de la comida que tenía en su casa para llevarle a la hermana. Comentamos sobre lo triste que era una mujer parida y amamantado, pasando hambre y mirando a su otro niño llorando de hambre sin tener nada que darle.

Esa situación me afligió terriblemente y pensé: "Señor, qué hago, no tengo comida suficiente para llevarle y tampoco tengo dinero". Enseguida el Señor me dijo: "¿Qué harías tú si vieras a tus hijos con hambre?", y yo dije: "No lo pensaría dos veces para pedir prestado o usar la tarjeta de crédito". El Señor me dijo: "Ya tienes la repuesta". Sin titubear cogí la tarjeta de crédito, me fui al supermercado e hice una compra para la hermana. Así que, llamé a las hermanas que me habían acompañado y les dije que yo iba a llevar la comida, que, si les era posible, llevaran algo de dinero. Nos pusimos de acuerdo nos juntamos y volvimos a casa de la hermana. Cuando ella nos vio llegar de nuevo, con las manos cargadas, comenzó a llorar agradeciéndole a Dios, su esposo aun no llegaba y ella ya estaba desesperada. Inmediatamente preparó leche para su hijo y algo para ella también, y que bien nos sentimos de ver la gratitud de ella hacia Dios y que gozo produce ser instrumento de bendición en las manos de Dios.

El Señor me enseñó mucho con esa experiencia, cuando Dios nos muestra la necesidad de otra persona, es porque espera que nosotros hagamos lo necesario para suplirla, no es solo si nos sobra. A veces es necesario hacer el sacrificio, nuestro trabajo en el Señor no es en vano y qué bueno es saber que Dios piensa en ti para usarte como canal de bendición.

En otra ocasión, fui al supermercado para hacer la compra de la semana, cuando terminé de hacer la compra me dice el Señor: "Llévale esa compra a la hermana Yanet". Honestamente me quedé titubeando, pensando si eran cosas mías, y que con que me quedaba si le llevaba la compra a la hermana. Le doy gracias a Dios que a más tardar, a la segunda, siempre obedezco su voz, así que cuando el Señor me confirmó: "Llévale la compra a Yanet", pagué la compra, salí del supermercado, cogí un moto concho y me fui a casa de la hermana que vivía cerca del supermercado. Cuando toqué la puerta, ella me abrió y se sorprendió de verme, cuando le dije: "Solo vine a traerle esto" y le entregue las bolsas de comida; ella se llevó las manos a la boca y luego me abrazo, después me tomó de la mano y me dijo: "Ven a ver". Me mostró un cojín en el piso delante del sofá donde ella estaba orando antes de yo llegar y me dijo; ahí estaba yo preguntándole al Señor que le iba yo a dar de comida a mis hijas cuando llegaran de la escuela. Las niñas se habían ido sin desayunar. Después me llevó a su cocina, para mostrarme su estufa apagada y su nevera vacía, entonces le dije como Dios me había dicho que fuera a llevarle la compra. Me alegré tanto de obedecer a Dios y llevar esa compra a la hermana, que no me importó que no tenía para hacer otra compra para mí. Fui bendición, Dios me usó para contestar una oración, lo más maravilloso es que Dios siempre nos bendice el doble, al otro día recibí una gran bendición económica y pude hacer mi compra mucho más grande.

"Dad, y se os dará; medida buena, apretada, remecida
y rebozando darán en vuestro regazo;
porque con la misma medida con que medís,
os volverán a medir".

Lucas 6:38

"En todo os he enseñado que, trabajando así,
se debe ayudar a los necesitados, y
recordar las palabras del Señor Jesús, que dijo:
Mas bienaventurado es dar que recibir".

Hechos 20:35

VENCIENDO LOS OBSTÁCULOS

Cada vez que el Señor me daba un mensaje, esa misma semana me asignaban para predicar en la iglesia. A veces, el Señor me daba un mensaje mientras dormía, otras veces me despertaba para darme el mensaje. Una noche el Señor me despertó y me dio un mensaje poderoso del libro de Efesios. Cuando fui al próximo culto en la iglesia, me dicen que iban a tener una semana de conferencias sobre el libro de Efesios y que a mí me iba a tocar el sábado, es decir que me iba a tocar el cierre, yo dije: "Gloria a Dios, ya él me dio la palabra".

Cuando llegó la semana de la conferencia, me dio faringitis, y se me fue completamente la voz. Yo era maestra, así que esa semana, me limité a usar la pizarra, ponía a los niños a trabajar en grupo y hablaba lo menos posible, mi voz era apenas audible. Fue avanzando la semana y cuando voy a la conferencia la noche del miércoles, la pastora me dice: "Mi hermana, le vamos a asignar su parte a otra persona porque usted no puede hablar". Y yo le dije: "No pastora, si el Señor me asignó ese mensaje es porque yo lo voy a dar". Ella me dijo que de toda manera iba a tener a alguien preparado por si yo no podía.

El jueves, cuando regresaba del trabajo a mi casa, en el motoconcho que me transportaba, nos detuvimos en un semáforo, y un carro nos chocó por detrás. Yo caí de la moto hacia atrás y el carro siguió avanzando hasta quedar encima de mí. En el momento estaba bastante confusa, no entendía bien lo que estaba pasando, escuchaba a la gente decir:" La mujer está abajo". Muchas personas se agacharon para ver cómo estaba y yo le dije que estaba bien, que me ayudaran a salir. Me sacaron de abajo del carro y querían llevarme al hospital, yo les dije que no, que me llevaran a mi casa. Quien nos chocó fue una mujer y estaba muy nerviosa diciendo que el freno no le respondió, después de un rato, se pusieron de acuerdo, ella y el del motoconcho y después me llevaron a mi casa. Yo solo sentía un ligero dolor en los glúteos y la parte baja de la espalda. Llegué a mi casa y le dije lo que me había pasado, pero que estaba bien, me bañé, tomé calmantes y me acosté. Me levanté el viernes con mucho dolor, tomé calmantes de nuevo y me fui al trabajo, pero estaba muy demacrada. Les conté lo que me había pasado y me fui antes de la hora de salida y no pude ir a la tanda de la tarde.

Al otro día, sábado, me dolía todo el cuerpo y no me podía sentar por el dolor en los glúteos, así que tomé analgésicos y me puse a orar diciendo: "Señor, tú me has dado un mensaje poderoso para la iglesia, también a los pastores les dijiste que me había dado el mensaje, si tú me lo has dado a mí, es porque yo lo voy a dar, no tengo voz, pero tú me has dicho: 'Abre tu boca que yo la llenaré'. Yo creo en ti, mira el dolor en mi cuerpo, quítalo, que no sea impedimento, pero si no me lo quitas, de todas maneras, yo estoy dispuesta para dar la palabra en el nombre de Jesús". En la tarde, la pastora me llamó para ver cómo estaba mi voz, todavía estaba completamente ronca, pero le dije que yo iba a tener la palabra en la noche, ella no insistió mucho, pero me recordó que ella tenía a alguien preparado, porque ella no creía que yo pudiera dar la palabra.

Esa noche, me puse mi mejor ropa y me fui temprano a la iglesia, como no podía estar sentada, estuve de rodillas hasta que comenzaron las alabanzas, entonces me puse de pie, la palabra que tenía para dar me estaba quemando por dentro, yo tenía que dar esa palabra, así que no hablé con nadie. Me mantuve apartada hasta que me llamaron y me entregaron el micrófono. El pastor oró por mí, y cuando comencé a hablar, yo misma me sorprendí de la potencia y nitidez con que salió mi voz, logre ver la cara de asombro de la pastora y puedo decir, para la gloria de Dios, que ese fue uno de los mensajes trascendentales en la historia de esa iglesia. Al final del mensaje testifiqué de cómo el enemigo trató de evitar que yo diera esa palabra, o quizás Dios me probó para ver si yo vencía los obstáculos y cumplía la encomienda.

Esa noche, al terminar la conferencia, muchos hermanos se acercaron para decirme como Dios les había hablado. puedo decir que Dios se glorificó y mucho tiempo después, se escuchaban los testimonios de los hermanos diciendo como ese mensaje les había impactado y cambiado su vida. Al otro día del mensaje tuve que ir al médico, tenía desgarre muscular en los glúteos, me trataron con inyecciones y pastillas. Los glúteos y la parte baja de mi espalda estaban negros y muy inflamados, pero debo decir que mientras estaba dando el mensaje, no sentí ningún dolor, estuve quince días de licencia y pasé casi una semana sin poder sentarme. Sé que el Señor me dejó las secuelas del accidente para que fuera mayor el testimonio. Cuando él manda, él respalda.

"Señor, abre mis labios,
y publicará mi boca tu alabanza".

Salmos 51:15

ESPERANZA CONTRA ESPERANZA

(Como está escrito: Te he puesto por padre de muchas gentes)
delante de Dios, a quien creyó, el cual da vida a los muertos,
y llama las cosas que no son como si fuesen.
Él creyó en esperanza contra esperanza, para llegar a ser
padre de muchas gentes, conforme a lo que se le había dicho:
así será tu descendencia.
Y no se debilitó en la fe al considerar su cuerpo, que estaba ya
como muerto (siendo de casi cien años), o la esterilidad de la
matriz de Sara.
Tampoco dudó, por incredulidad, de la promesa de Dios,
sino que se fortaleció en fe, dando gloria a Dios, plenamente
convencido de que era también poderoso para hacer todo lo
que había prometido.

Romanos 4: 17-21

El Señor me dio un mensaje basado en este pasaje de la Biblia, el cual titulé: "Esperanza contra Esperanza". Este mensaje marcó mi vida, porque tan pronto lo prediqué, el Señor me puso a vivirlo.

Mi mamá tenía varios años viviendo en Nueva York y me había pedido a mí y a mis hermanos, habíamos avanzado el papeleo y estábamos esperando la cita para la visa. A mi hermano Robert le llegó primero y en julio del 2009, él mandó a sus tres hijas delante con mi mamá y en agosto él viajó con su hijo varón.

En el mes de septiembre, una noche voy llegando a la iglesia y me encuentro con un profeta que le llaman "Ángel juicio", él acostumbra a ir predicando por las calles, es muy conocido y la gente le teme porque sus profecías se cumplen. Él me detuvo en la entrada de la iglesia y me dijo: "Hey, hey veo un avión pintado en tu cara, viajas rápido, antes de que salga este año, y el Señor tiene esposo escogido para ti, él ha visto tus lágrimas, así que te escogió esposo con quién le vas a servir..." Me profetizó algunas cosas más de las cuales estoy esperando su cumplimiento, solamente mencioné la parte de la profecía que se ha cumplido.

En esos días el Señor me da el mensaje "Esperanza Contra Esperanza" y me tocó predicarlo a principio de octubre. La misma noche que prediqué el mensaje, me detiene una hermana en el pasillo a la salida de la iglesia y me dice: "Oye, dice el Señor que ya él te abrió la frontera, y que no importan los problemas y dificultades que se te presenten, él va a entontecer jueces a tu favor porque ya la frontera está abierta". Yo recibí la palabra y le di gracias a Dios.

Llegué a mi casa y cuando estaba para acostarme, a las once de la noche, sonó el teléfono; era mi mamá para decirme que mi hermano Yoan había chequeado por internet en el centro de visa, y decía que yo tenía cita para el 16 de octubre, yo le dije que a mí no me había llegado el paquete de la cita y ella me dijo que tenía que ir a buscarlo al consulado. Al otro día mandé un suplente a la escuela y me fui al consulado donde me entregaron el paquete, donde me decían los pasos a seguir para ir a la cita. Tenía que hacerme los análisis para mí y mis hijos en menos de una semana, para que estuvieran a tiempo para el día de la cita y ahí comenzó mi proceso. Yo solo tenía unos 10,000 pesos ahorrados, y solamente los análisis, para mí y los tres hijos salían por 62,000 pesos. Vendí las pocas prendas que tenía por 11,000 pesos, ya tenía 21,000, me faltaban 41,000. Comencé a solicitar dinero prestado a todo el que yo pensé que podía prestarme y nadie tenía dinero para prestarme. El día antes de hacerme los análisis, una hermana llamada Guillermina, me llamó y me dijo: "Hermana Ruth, yo tengo el dinero de un san que te puedo prestar, pero el san se cumple en una semana, tiene que devolvérmelo antes". Yo le dije que sí, que se lo devolvía antes de una semana. En la noche, un vecino fue a mi casa y me dijo que tenía $5000 pesos de su hijo, pero que lo iba a necesitar en dos días. Él me dijo: "Te lo presto para tu emergencia de mañana y cuando llegues tú lo busca por otro lado para que me lo devuelvas". En total reuní 41,000 pesos.

Esa noche me reuní con mis hijos para el devocional y les dije lo que estaba pasando con el dinero. Leí el salmo 25 y después de orar, Gianna me dijo: "Pero mami, si no tienes el dinero completo, no podemos ir mañana, van a tener que cambiar la fecha de la cita. Yo le respondí; el salmo que leí dice: "Dios mío, en ti confío; no sea yo avergonzado". Dios no nos va a dejar en vergüenza, vamos a ir confiando en Dios y vamos a ver la gloria de Dios. Me acosté plenamente confiada de que algo Dios iba a hacer, pero que no me iba a dejar en vergüenza y dormí en completa paz, mis hijos fueron los que me despertaron en la madrugada, ya que teníamos que estar en el laboratorio a las 6 de la mañana.

Llegamos al laboratorio del consulado y lo primero que vimos en la entrada fue un cartel grande que decía: "NO ACEPTAMOS DINERO INCOMPLETO; ASEGÚRESE DE TENER EL TOTAL A PAGAR ANTES DE PASAR A LA VENTANILLA". Gianna me miró y me dijo; tú ves mami, te dije que no podíamos venir con el dinero incompleto. Yo le dije; vamos a pasar a la ventanilla, porqué Dios no nos va a dejar en vergüenza, eso fue lo que oramos. Nos sentamos y pasó uno de los empleados a revisar los documentos a ver si todo estaba en orden, aunque yo tenía la hoja con la tarifa de los análisis y las vacunas, le pregunté al empleado cuanto era lo que tenía que pagar por mí y mis hijos. Me dijo el precio en dólares y en pesos, lo mismo que tenía en mi hoja de información; vuelve Gianna y me dice: "Mami, tú no tienes el dinero, si te paras en la ventanilla te van a mandar para atrás". Yo volví a decirle que en el nombre del Señor íbamos a pasar a esa ventanilla y veríamos un milagro de parte de Dios.

Cuando nos llegó el turno, nos dicen el número de la ventanilla a la que debíamos ir, nos ponemos en la fila y escuchamos la tarifa que le dicen a los que están delante de nosotros y Gianna vuelve y me dice: "Oye, la cantidad que ellos van a pagar, vamos a devolvernos", yo le dije: "Tranquila, hoy vamos a ver la gloria de Dios". Llegamos a la ventanilla, le pasé los pasaportes y los documentos requeridos y me preguntaron cómo iba a pagar, en dólares o en pesos, yo les dije que, en pesos, la empleada tecleó en su computadora y me dijo: Son $34,460.00 pesos, yo le dije: "¿Cuánto?", ella volvió a decirme: $34,460.00 pesos, los muchachos me miraron asombrados, entonces fui yo la que se puso tan nerviosa, que no podía contar el dinero. Le dije a los muchachos, vengan ayúdenme a contar. Contamos el dinero y lo pasamos, y tan pronto nos mandaron a pasar adentro, le dije a mis hijos: "Ustedes vieron lo que Dios hizo, lo vieron". Todos nos reímos nerviosos y yo no paraba de darle gracias a Dios. Le dije a mis hijos, aquí me quedan los 5000 del vecino y los del pasaje y la comida.

Estaba atónita de ver lo que Dios había hecho y no solo eso, después que nos hicimos los análisis y nos pusieron las vacunas, cuando pasamos a recoger los pasaportes, me habían devuelto $325.00 pesos en cada pasaporte por una vacuna que no teníamos que ponernos, ALELUYA. la gloria fue mayor de lo que podíamos pedir o esperar, aunque el enemigo uso la boca de mi hija Gianna para tratar de hacerme dudar o debilitarme, no lo logró; yo estaba plenamente convencida de que Dios se iba a glorificar, puedo decir que ese día; caminé sobre las aguas. Fui en "Esperanza contra Esperanza".

Llegamos a la casa testificando de lo que Dios había hecho, inmediatamente le devolví los $5,000.00 al vecino. Para el jueves 15 de octubre, tenía que buscar los resultados para llevarlos a la cita del viernes 16, cuando fui a recogerlos, me dijeron que los de Isaac no estaban listos. Yo les dije que mi cita era al otro día, ellos me dijeron que no dejara de ir a la cita, que me dejarían cita abierta para cuando estuvieran los resultados. Cuando llegamos a la casa, Gianna puso la nota negativa y me dijo; ay mami, vamos a hacer ese viaje en valde mañana, porque, no nos van a dar la visa, van a dejar cita abierta y vamos a tener que volver, y yo le dije: "Mañana, Dios se va a volver a glorificar, él me dijo que no me preocupara por ningún problema que se presentara, porque ya la frontera estaba abierta y que él iba a entontecer jueces a mi favor, así que, mañana nos van a dar esa visa".

Llegó el día de la cita y lo único que tenía era el pasaje y el desayuno, no había podido hacer compra con los gastos de esos días, y no había nada en mi casa, pero me fui gozosa a mi cita, sabía que Dios estaba en control. Pasamos todo el proceso, llegamos donde el cónsul, y él después de hacerme unas cuantas preguntas me dice: "Bienvenida a los Estados Unidos de América, vaya a depositar los pasaportes". Después me dice: "Oh, veo que faltan los resultados de José Isaac, cuando los tenga, deposítelo en la ventanilla 26". ¡ALELUYA!, decían que a nadie le daban la visa teniendo laboratorio pendiente, pero a mí me la dieron, porque ya Jehová había hablado, y yo le creí.

Cuando llegamos a la casa, le dije a mis hijos, aquí no hay comida, ni dinero para comprarla, pero Dios proveerá, y entre a mi cuarto para orar, al poco rato de estar orando, sonó el teléfono y yo me paré a contestar; era mi amiga y hermana en Cristo Juani desde Nueva York, ella estaba llorando y me dijo: "Ruth, yo no sé qué necesidad tú tienes, pero el Señor me dijo que te entregara 800 dólares que tengo guardados allá, ya hablé con mi hija para que te lo entregue, pasa a buscarlos". Yo comencé a llorar y le dije a la hermana la condición en que estaba. Cuando mis hijos me vieron llorando, me preguntaron qué pasaba, y yo les dije; ustedes oyeron que yo les dije que no había nada pero que Dios proveerá; ya Dios proveyó, ahora mismo me acaba de llamar Juani para decirme que vaya a buscar un dinero donde su hija. Antes de salir a buscar el dinero, me reuní con mis hijos a darle gracias a Dios. Con ese dinero le pagué a la hermana que me había prestado el dinero del "san", hice la compra y resolví todos los pendientes.

No perdáis, pues, vuestra confianza,
que tiene grande galardón. Mas
el justo vivirá por fe; Y si retrocediere,
no agradará a mi alma.

Hebreos 10 :35 y 38

UN NUEVO COMIENZO

El 28 de diciembre de 2009, llegué a Estados Unidos con mis hijos. Ya mi hija Gianna tenía un novio en el barrio donde vivíamos, cuando él supo que íbamos a Nueva York, nos dijo que su papá era taxista en el Bronx y nos dio su teléfono para que lo llamáramos. A la semana de estar aquí, lo llamé para que me hiciera un servicio de taxi. Él me transportó y llegó al apartamento donde vivíamos con mi mamá, para conocer a Gianna. Así comenzó entre él y yo una amistad que terminó en matrimonio; ese fue el esposo que Dios me tenía escogido, y para la gloria de Dios, hoy servimos juntos en el ministerio de diaconía en la iglesia donde nos congregamos, EL AMANECER DE LA ESPERANZA, así que estoy casada con el papá del esposo de mi hija, para nosotros ha sido una gran bendición, tenemos una gran armonía familiar.

Cuando llegué a Nueva York a casa de mi mamá, habíamos doce en un apartamento de dos dormitorios; estaba mi hermano con sus cuatro hijos, yo con los tres míos, mi mamá y otros dos de mis hermanos. Así que pueden imaginarse como estábamos allí apiñados. A los cuatro meses de estar aquí, decidí ir a solicitar cupones de alimentos, y varias personas me dijeron que no fuera, porque a mí mamá le daban cupones y no les daban cupones a dos personas de la misma familia, también me dijeron que debía tener cinco años viviendo aquí para poder recibir beneficios, pero yo dije; voy a ir en el nombre de Jesús y que sea lo que Dios quiera. Me fui sola, llené mi aplicación y cuando me entrevistó la trabajadora social, le expliqué mi situación, y cuantas personas había en un mismo apartamento y que yo aun no tenía trabajo. La trabajadora social me dijo: "Usted necesita cupones de emergencia, vamos a hacer lo posible para que se los den hoy mismo y asistencia en efectivo también". Aunque me tomó todo el día, salí de ahí con la tarjeta de beneficios con 400 dólares en cupones de alimentos y 400 dólares para efectivo. ¡Dios lo hizo!

Al mes de eso comencé a trabajar en el daycare de una amiga, ganando 250 dólares a la semana, pero yo necesitaba buscar un apartamento para mudarme con mis hijos. Todo el mundo me decía que lo único que podía rentar con lo que ganaba era un estudio, que, con ese salario, no calificaba para nada más, pero también tenía que pensar que no me iban a rentar un estudio para cuatro personas, que yo tenía que esperar más de un año para pensar en tener apartamento. Yo comencé a orar al Señor que me proveyera un apartamento grande y fui con mi mamá a la oficina del propietario que le rentaba a ella, allí me preguntaron que de cuantos dormitorios estaba buscando apartamento, yo le dije que de tres y me dijeron que en el momento no tenían de tres, pero que había uno de cuatro dormitorios, que, si quería ir a verlo, yo le dije que sí. Me dieron la dirección e inmediatamente me fui a verlo, era en un quinto piso y sin elevador, pero era bastante grande, con sala, comedor, una cocina bien grande y cuatro dormitorios. Me encantó el apartamento, así que volví a la oficina y le dije que lo quería. Me dieron el paquete de formularios que tenía que llenar y la lista de los documentos que tenía que llevar. El formulario de ingresos, debía llenarlo mi empleador y mandarlo por fax.

Yo llevé todo lo que me pidieron y la amiga con la que trabajaba me dice; yo te voy a llenar el formulario y lo voy a mandar, pero no te hagas ilusiones, con lo que tú ganas, no te van a rentar ese apartamento. La renta es de $1000 dólares, que es lo mismo que tú ganas mensuales, así que de ninguna manera calificas. Yo le respondí que para los cupones tampoco calificaba y me lo dieron, que a mi quien me abría la puerta era Dios. Ella me insistió en que aquí se cumplían las leyes, que las cosas no eran como en nuestro país. Yo le dije que por encima de toda ley humana esta la soberanía de Dios, aquí y en todo el mundo, y que era Dios quien me iba a dar ese apartamento. Ella me dijo que me iba a dejar tranquila y que yo me convencería por mí misma de lo que ella me decía.

A las dos semanas, me llamaron de la oficina de la renta para decirme que ya el contrato para la renta estaba listo, que pasara a firmarlo y que tenía que llevar un mes de depósito de seguridad y pagar un mes por adelantado. Yo solo tenía una parte del dinero y mi mamá me prestó lo que me faltaba. Fui corriendo a la oficina, entregué los money orders y firmé todos los papeles del contrato de renta. Después que firmé, la mánager me dice que espere un momento para entregarme el contrato y las llaves del apartamento. Ella entró a su oficina y de allá para acá viene pálida, con un folder en las manos y me dice: "Señora, aquí hubo un error, ¿esto es lo que usted gana? Cuando yo le respondí que sí, se puso una mano en la cabeza y exclamó: "Ay Dios mío, y qué yo he hecho, no podíamos rentarle ese apartamento". Ahí mismo me dice el Señor: "La cegué para que no viera lo que tú ganabas". Entonces yo le dije a la señora que estuviera tranquila, que ya mi hijo estaba trabajando y que nosotros no le íbamos a quedar mal. Ella me dijo que por favor le llevara los volantes de pago de mi hijo, que no es que ella pensara que no íbamos a pagar, es que por ley ellos no podían rentarme ese apartamento y que eso podía traerle problemas con la ciudad. Así que lo único que pudo hacer fue bajarle 100 dólares a la renta, en vez de 1000, iba a pagar 900. ¡MI DIOS LO HIZO DE NUEVO, ALELUYA!

Cuando le dije a mi amiga que me habían rentado el apartamento, ella no podía creerlo, cuando le dije como Dios había cegado a la mánager para que no viera mis ingresos, solamente pudo decir: "yo admiro tu fe, yo quisiera tener esa fe".

"Lo que es imposible para los hombres,
es posible para Dios"

Lucas 18 :27

SANIDAD EN LA ALABANZA

Un día mientras me bañaba, me sentí una pelotita en mis partes íntimas, en el espacio que esta entre el orificio de la vagina y el ano. Los días siguientes me seguía palpando la pelotita y noté que seguía creciendo y comencé a sentir cierta irritación. Decidí ir donde mi doctora, ella me indicó una pomadita y me dijo que era posible que desapareciera sola, pero que si me seguía creciendo o molestando que volviera donde ella. La pomadita no me hizo absolutamente nada, la pelotita siguió creciendo y la irritación en el área también. Cuando volví donde la doctora, me dijo que como era algo externo, me iba a mandar al dermatólogo para que la extirparan y me hicieran una biopsia porque se había puesto muy feo. Cuando fui al dermatólogo me dijo que lo que tenía era un condiloma akuminata" es un tumor en forma de verruga que por lo regular es producido por el virus del papiloma humano, y que por lo regular degeneran en cáncer. El doctor me dijo que nunca había visto uno tan grande como el yo tenía y que lo iba a fotografiar antes de extirparlo. El procedimiento fue bien doloroso, porque me pincharon toda el área alrededor del tumor para anestesiar, luego lo cortaron y después quemaron el área. Debía volver en dos semanas, pero pasé varios días bien adolorida en lo que cicatrizaba la quemadura.

Cuando pasó el dolor y pude palparme bien, me horroricé, estaba llena de tumorcitos, toda el área del ano y la vagina. Cuando volví al médico, él se sorprendió de la cantidad de tumores que me habían salido. Él me dijo que los iba a extirpar, pero que me iba a referir a ginecología porque era posible que me estuvieran creciendo adentro también. En esa ocasión los pinchazos para anestesiar el área fueron muchísimos más, al final me dijo que había extirpado treinta y siete verruguitas y me las mostró en la bandeja. Salí de ahí completamente adolorida e inflamada, no me podía sentar, me lastimaba cada vez que hacía una de mis necesidades fisiológicas y por supuesto, no podía tener relaciones con mi esposo. Hice la cita con ginecología y me atendió una doctora. Cuando me examinó se sorprendió, me dijo que era increíble la cantidad de tumores que tenía adentro y lo grande que estaban, pero afuera, ya estaba llena otra vez. Me programó una cirugía con láser para una semana. A todo esto, mi oración era: "Señor, yo no dejaré de alabarte, yo sé que tú tienes un propósito en todo, este sana o enferma tú eres mi padre y yo soy tu hija, no me dejes perder el gozo".

Llegó la fecha de la cirugía y yo me fui confiada en que con esa cirugía eliminarían todo el problema; los de adentro y los de afuera. Cuando desperté después de la cirugía, le pregunté a la enfermera que estaba ahí, si todo había salido bien, ella me respondió que la doctora iría más tarde a hablar conmigo. Cuando la doctora fue, me dijo que lamentablemente no pudieron extirparme los de adentro porque el área estaba muy vascularizada y tuve un sangrado muy fuerte, que solo me habían extirpado los de afuera. Yo sentí una gran decepción, levante mis ojos al cielo y dije; "que sea como Dios quiera".

La doctora me puso cita para una semana para discutir alternativa de tratamiento. Cuando volví, una semana después, ella me dijo que no se podía intentar de nuevo la cirugía con láser, que la única opción era terapia local con químicos, pero que como eran tantos tumores y estaban tan grandes, tendrían que ser varias secciones y corría el riesgo de úlceras e infecciones, y que si mi cuerpo no resistía la quimioterapia local; por el momento tendría que acostumbrarme a vivir con esa condición. En el momento que me dijo eso, me desalenté un poco, pero enseguida el Espíritu me recordó mi oración: "Señor que nada me quite el gozo, yo he de alabarte en las buenas y en las malas, porque tú eres mi Dios, si tú no me sanas; enferma te alabaré".

Cuando le dije a mi esposo, lo que me había dicho la doctora, él me dijo: "No te preocupes, yo no te voy a dejar". No teníamos ni un año de estar juntos, ya teníamos como tres meses sin poder tener relaciones y no sabíamos que tiempo más tendríamos que estar así, por lo que esas palabras significaron mucho para mí.

La cita para comenzar el tratamiento con químicos era para un miércoles, la iglesia donde me congrego, para ese entonces, tenía culto los martes, así que ese martes, antes de comenzar el tratamiento, fuimos a la iglesia. Esa noche en particular, había una unción especial, había un sentir de júbilo en el tiempo de alabanzas de manera tal, que cuando le entregaron al pastor para el mensaje él dijo: "El Señor está tan agradado con la alabanza, que no voy a predicar, el Señor quiere jubileo, el convierte este servicio en un jubileo". Es indescriptible, para mí, lo que pasó de ahí en adelante. Cuando el grupo de adoración volvió a cantar, una unción de gozo llenó todo el templo, los hermanos saltaban, danzaban, se reían; yo nunca había sentido un gozo igual. Lo mismo que los demás, me reía, danzaba, cantaba, pero me sentía en otra dimensión. Me olvidé de mi problema, me deleité en la alabanza, me gocé en mi Señor, fue algo glorioso.

Al otro día, fui a mi cita con la doctora, cuando entré al consultorio, ya ella tenía preparada la bandeja con los instrumentos que iba a utilizar y había una enfermera para asistirla. Me preparé y subí a la camilla y la doctora me dice: "Oye, pero afuera no están ni las cicatrices". Cuando introdujo el especulo exclamó: "Pero qué pasó aquí, tú estás limpia, tú estás sana, tú no tienes nada". Llamó a la enfermera y le dijo: "Mira ella está limpia, ella está sana. La doctora se paró y comenzó a saltar y a aplaudir diciendo: "Thank you Lord, thank you Jesús". Me agarró de las manos y me levantó de la camilla, y me decía: Da gracias, alaba al Señor, porque tú estás limpia. Yo estaba perpleja, la unción de gozo me sanó, y esa misma unción la recibió la doctora, yo no sabía que ella era cristiana y ni siquiera le pregunté; como la tocó el Espíritu en ese momento, no tenía que preguntar lo que era obvio.

Con esta experiencia aprendí, como debemos enfrentar cualquier diagnóstico de enfermedad, con la consciencia de que somos hijos de Dios. Ninguna enfermedad cambia nuestra posición delante de Dios, él está con nosotros en todo momento. No siempre debemos enfocarnos en pedir sanidad, sino que debemos enfocarnos en conservar el gozo, en alabar al Señor en todo tiempo. Cuando estaba en medio del júbilo en la iglesia, en ningún momento pensé en mi problema de salud, mucho menos en pedir sanidad, pero Dios sabía lo que yo necesitaba, y me sanó. Él habita en medio de las alabanzas de su pueblo.

Hay dos episodios más de sanidad divina que voy a compartir en este libro. Uno de ellos ocurrió hace más de veinte años con mi sobrina Winyvier en Republica Dominicana, y el otro, sucedió recientemente, aquí en los Estados Unidos mientras escribía este libro y fue con mi nieta Lizannie.

Winyvier es la segunda hija de mi hermano Robert. Cuando Winy tenía un año, le dio una disentería muy fuerte; fue como si desde su boca hasta su ano, hubiesen puesto un tubo recto. Todo lo que se le daba salía inmediatamente de su cuerpo tal y como se lo habían dado. La ingresaron en la clínica del Dr. González, pero ningún tratamiento dio resultado; la diarrea no se detuvo, y los sueros no pudieron hidratarla porque no retenía ningún líquido en su cuerpo. Después de tres días, el Dr. González llamó a mi hermano y le dijo que ya, clínicamente no había nada más que hacer con la niña, que si quería podía llevarla a otro centro médico, pero que él le recomendaba que se la llevara a que muriera en la casa para evitarle el papeleo.

Mi hermano decidió llevarse a la niña para que muriera en la casa. Mi padrastro le dijo que en vez de llorar comenzaran a hacer los arreglos para el funeral. Comenzaron a reunirse los familiares y vecinos y en un momento llenaron la casa. Mientras Belkis, lloraba con su hija en brazos. De momento me llegó un pensamiento como un flash; ¿por qué no están orando? En seguida le dije a mi mamá: "Mami, ¿por qué no estamos orando?". Y mi mamá me dijo: "Es verdad, hemos perdido el tiempo sin orar, vamos a orar".

Winyvier estaba inconsciente y con la vista fija hacia arriba, su pulso no se sentía y su respiración era muy débil. Yo tomé a Winy de los brazos de su mamá y me senté en un sofá, mi mamá se puso delante de mí, con una mano sobre la cabeza de la niña y comenzamos a orar. Tan pronto terminamos de orar, Winy comenzó a llorar débilmente. Entonces le dije a Belkis que me pasara la jeringuilla y el suero. Le eché 5cc de suero en la boca y lo tragó; esperé un minuto y no salió. Seguí dándole de 5cc en 5cc como por media hora y todo lo retuvo. ¡Gloria a Dios! Para los médicos ya no había vida y bastó con una sola oración para volverla a la vida. Hoy Winyvier es una hermosa mujer, llena de vida y madre de dos hijos hermosos.

El caso de mi nieta Lizannie fue en febrero del 2022. El viernes 18 de febrero, tuve un sueño o una visión (no estoy muy clara en eso), donde me vi en el pasillo de un hospital, frente a una pared de cristal, de pronto, mi hija Gianna salió de una habitación llorando desesperadamente y se me abrazó diciendo: "Mami, mi hija, se muere, mi hija". Yo la agarré de las manos y le dije: Eso no es así, eso hay que guerrearlo. Al otro día, sábado 19, me pasé la mañana pidiendo la misericordia de Dios para mi nieta, pero no comenté la visión con nadie. En la tarde, mi hija me llamó para decirme que a Lizannie le había subido fiebre. Mi corazón dio un pálpito, pero no le dije nada a mi hija. El domingo, tan pronto salí de la iglesia, llamé a mi hija para saber cómo seguía la niña. Mi hija me dijo que estaba desganada y le había vuelto a subir fiebre, pero que no tenía síntomas de gripe, no le dolía la garganta y la prueba de COVID le había salido negativa.

Mi hija tenía poco tiempo trabajando en la oficina de correos, el lunes le tocaba entrar a las 10 a.m. y fue a llevarme a las dos niñas antes de irse a trabajar. Cuando vi a Lizannie, me impresionó lo demacrada que se veía, aunque no tenia fiebre en el momento, se veía muy mal. La acosté en el sofá y le hice una sopa, pero tan pronto se la comió comenzó a vomitar. La llevé a una sala de urgencias que hay en el edificio donde vivo, la examinaron y me dijeron que tenia una gastroenteritis, que le diera suero y acetaminofén hasta que se hidratara. Cuando yo le cuestioné que cómo un mal de estómago le provocaban una fiebre tan alta, me repitieron lo mismo. Salí de ahí molesta porque sabía que la niña estaba mal. El Espíritu me dijo claramente: "Tiene neumonía, dale azitromicina". Y aunque fue insistente, no me atreví a medicarla, pensaba que era cosa mía. Lizannie no tenía fuerzas para caminar, tuve que cargarla de vuelta a la casa. Cuando llegamos, le di medicamentos para la fiebre y para los vómitos, por un momento se sintió mejor, pero, comenzó a respirar con dificultad. Mi hija fue a recoger a las niñas cuando salió del trabajo, pero le dije que me dejara a Lizannie porque ella no estaba en condición de estarse moviendo.

A medianoche, Lizannie se despertó llorando, diciendo que le dolía debajo de los brazos, entonces vi que estaba haciendo un gran esfuerzo para respirar. La acosté en mi cama, le puse varias almohadas y llamé a mi hija, le dije que me llevara a la niña pequeña para que se fuera con Lizannie por emergencia porque estaba muy mal. Tan pronto mi hija llegó al hospital, le pusieron oxígeno a la niña y luego le tiraron placa. Al rato mi hija me llamó para decirme que Lizannie tenía neumonía y que tenía liquido en un pulmón. Me sentí terriblemente mal, porque en esta ocasión no hice caso a la voz del Espíritu Santo que me había dicho claramente que tenía la niña y con que debía tratarla. A Lizannie le comenzaron tratamiento con antibióticos, pero no hubo mejoría y el pulmón izquierdo seguía cogiendo líquido. El esposo de mi hija estaba de viaje, por lo que ella y yo nos alternábamos para estar en el hospital. Cuando dijeron que quizás tendrían que entubar a la niña por un costado para drenar el líquido del pulmón, yo era la que estaba con ella. Cuando se lo dije a mi hija, inmediatamente comenzó a llorar. Comenzamos a clamar a Dios para que no tuvieran que hacer ese procedimiento porque habíamos escuchado lo doloroso que era.

Lizannie siguió empeorando y el jueves 24 la llevaron a cuidado intensivo. Mandamos el mensaje a la iglesia para que la pusieran en oración. En cuidado intensivo le pusieron un tratamiento para disminuir el liquido en los pulmones sin necesidad de entubarla. Ella comenzó a responder al tratamiento y para el sábado 26, la sacaron de cuidado intensivo. Todos se alegraron y comenzaron a llamar a los familiares y a los hermanos para dar la buenas nuevas, pero yo no pude celebrarlo, tenía una gran opresión en mi pecho, sabía que la visión aún no se había dado y que lo peor no había pasado.

Ese mismo día, sábado 26, hubo jubileo en la iglesia, y el pastor predicó con el tema "Dos son mejor que uno". El pastor citó el pasaje de Deuteronomio 32:30 donde dice que uno podía perseguir a mil, y dos hacer huir a diez mil. También hizo referencia a Isaías 30:17 donde dice que, a la amenaza de cinco, huirían todos. Él uso esos pasajes para enfatizar el poder que hay cuando dos o más se ponen de acuerdo para orar.

Yo me quedé a amanecer esa noche en el hospital, me la pasé orando y alabando al Señor, pero vi como la niña comenzó a deteriorarse. Le daba un dolor tan fuerte en los pulmones que entraba en shock; temblaba y sudaba frio. Aun con el oxigeno puesto, casi no alcanzaba respiración. Todos sus signos vitales se descontrolaron y el monitor comenzó a pitar. Los médicos corrieron, volvieron a tirarle placa y vieron que el pulmón izquierdo estaba a punto de reventar de tanto líquido que había aumentado. Le pusieron una máquina de terapia respiratoria con aire caliente y me dijeron que tenían que llevarla de inmediato a cuidado intensivo. Cuando la llevaron a cuidado intensivo, comencé a escuchar en mi mente la alabanza que dice: *"Levanto un aleluya en presencia de mi opresor, levanto un aleluya sobre la incredulidad, levanto un aleluya el cielo lucha a mi favor"* ... Esa alabanza se repetía en mi mente, así que, comencé a cantarla. Cuando me cansaba la ponía en el celular y me movía por toda la habitación alabando al Señor.

Muy temprano en la mañana, el médico jefe de cuidado intensivo me dijo que llamara a los padres de la niña porque tenían que hacer la entubación en el costado para drenar el pulmón y necesitaban su autorización. Tan pronto hablé con mi hija, ella comenzó a llorar. Le puse al doctor en el teléfono para que él, le explicara e inmediatamente comenzaron a preparar a la niña para entubarla. Cuando mi hija llegó, la pusieron a firmar y nos mandaron a salir de la habitación, pero todavía no habían dormido a Lizannie y ella comenzó a llorar, entonces le dijeron a mi hija que se quedara un momento hasta que la durmieran. Yo salí de la habitación y al momento salió mi hija y se me abrazó llorando, diciendo:" Ay mami, mi hija, mi hija". En ese momento, vi la visión cumplida. Fue la misma escena que había visto; el mismo pasillo, la pared de cristal, y hasta la ropa que tenía puesta mi hija. Entonces le dije a mi hija la visión que había tenido y lo que yo le dije a ella en la visión. Nos fuimos a un cuarto de espera y comenzamos a orar y alabar al Señor. Estuvimos ahí como una hora llorando y orando hasta que terminaron el procedimiento.

Los médicos habían dicho que, tan pronto le drenaran el pulmón, la niña comenzaría a mejorar, pero no fue así. La niña seguía grave y el líquido del pulmón iba saliendo muy poco a poco. El dolor de la niña era tan terrible que la mantenían con morfina, y en dos ocasiones tuvieron que sedarla para moverle el tubo, porqué se obstruía y el líquido no salía. Seguían la fiebre, la dificultad para respirar, y la taquicardia. Entonces vi como el Señor comenzó a levantar un ejercito poniendo en todos el mismo sentir: Que Lizannie era de ellos. Comenzaron a llamarme de todas partes, la mayoría de las personas, me llamaban llorando y me decían: "Ruth, el Señor me ha puesto el sentir de que esa niña es mía, lo estoy sufriendo como si fuera mi hija o mi propia nieta". Otros me decían que el Señor le había puesto una carga tal, que no podían comer ni dormir clamando por mi nieta.

Iglesias enteras hicieron ayuno y hasta vigilia por mi nieta. Muchos hermanos de mi iglesia tomaron la palabra que predicó el pastor en el jubileo, sobre el poder de ponerse de acuerdo en la oración y comenzaron a formar grupos, para hacer cadenas de oración. Algunos me llamaron para orar conmigo por teléfono, en una de esas oraciones, declararon a mi nieta como una adoradora y en ese momento, el Espíritu Santo nos estremeció a mí y a mi esposo de tal manera que los dos comenzamos a llorar.

Mi nieta es muy conocida en la iglesia porque la he llevado desde pocos meses de nacida. La niña fue creciendo en la iglesia, y como yo acostumbro a danzar, ella hacia lo mismo; en cada alabanza, ella salía al pasillo de la iglesia a danzar. Los hermanos comenzaron a decirle;" la danzarina" o "la pequeña diaconisa", porque siempre estaba a mi lado cuando yo estaba haciendo mi servicio de diaconía.

Después de tres días entubada, Lizannie no mejoraba. El pulmón había drenado menos de la mitad de lo que debía drenar. Entonces hubo una sencilla oración, hecha por mi sobrino Edwin, que lo cambio todo. Él me escribió por Facebook: "Señor, te ruego en el nombre de Jesús que, los síntomas de Lizannie comiencen a cambiar en esta misma hora, amén". Cuando leí esa oración, me impactó de manera que me paré delante de la cama y la repetí en voz alta. Al momento vi como comenzó a salir todo el liquido que estaba retenido en el pulmón. Hasta ese momento, solo había drenado 300cc, y en pocos minutos llego a 750cc. Tan pronto terminó de drenar el líquido, todos sus síntomas comenzaron a mejorar. Al otro día, el jueves 3 de marzo, le quitaron los tubos y el sábado 5 de marzo, le dieron de alta.

En esta ocasión, el cielo peleó a mi favor. Dios levantó un ejército enorme a pelear por mi nieta. Todavía hay hermanos que me dicen, que nunca habían sentido tanta carga por una persona, como la sintieron por mi nieta. Sufrí mucho viendo el sufrimiento de mi nieta y la angustia de mi hija y su esposo. Mi esposo se desesperaba y decía que él no resistía ver a la niña en esa condición, pero el Señor me mantuvo firme para alentarlos a ellos a confiar en Dios. La obra de Dios fue tan completa que, a la semana de salir del hospital, Lizannie volvió a su escuela llena de energía y sacando 100 en todas las evaluaciones que le hicieron, de manera que sus profesores llamaron a mi hija sorprendidos, porque ella estaba mejor que antes de enfermarse. GLORIA A DIOS POR SIEMPRE.

"Me mostrarás la senda de la vida, en tu presencia hay plenitud de gozo; Delicias a tu diestra para siempre".

Salmo 16:11

No os entristezcáis, porque el gozo de Jehová es vuestra fuerza.

Nehemías 8:10b

Jehová será refugio para el tiempo de angustia. En ti confiaran los que conocen tu nombre, por cuanto tú, oh Jehová, no desamparaste a los que te buscaron.

Salmos 9: 9-10

VIVIENDO LA PALABRA

Quiero terminar este libro diciendo que mientras lo escribía, mi vida ha sido reedificada y mi fe fortalecida. El rememorar todas las vivencias que he tenido con el Señor, me han hecho (como manda el Salmo 103) bendecir a Jehová, he recordado todos sus beneficios. A través de todos mis procesos, Dios me ha dado textos y pasajes bíblicos, que han sido mi guía y mi sustento; palabras que me han levantado y me han ayudado a permanecer firme en la fe. También hay canciones cristianas que en su momento me animaron y fortalecieron. Voy a citar y comentar brevemente algunas de esas palabras que se hicieron rema en mi vida.

Bienaventurado el hombre que tiene en ti sus fuerzas,
en cuyo corazón están tus caminos: Atravesando
el valle de lágrimas lo cambian en fuente, cuando
la lluvia llena los estanques.
Irán de poder en poder; verán a Dios en Sion.

Salmo 84: 5-7

Este salmo fue un gran aliciente en mi vida. Aprendí que es una bienaventuranza tener en Dios nuestra fuerza, saber que por nosotros mismo nada podemos hacer, pero si nuestras fuerzas están en Dios; haremos proezas. Cuando nuestras fuerzas están en Dios ,podemos permanecer firmes en sus caminos y así con esa firmeza, mientras atravesamos las pruebas, las dificultades y las circunstancias difíciles que se presentan en nuestras vidas, vamos siendo transformados de tierra seca a tierra fértil, a fuente de agua viva, porque de las experiencias vividas y las victorias obtenidas; podemos testificar a otros de las maravillas que Dios ha obrado en nuestras vidas, cuando están atravesando por las misma situaciones que hemos pasado. Hoy puedo decir, que, por la misericordia de Dios, soy una fuente que reboza fe, confianza y gratitud hacia mi Señor, y así quiero que otros puedan pasar sus procesos y salir de ellos fortalecidos, victoriosos, llenos de gratitud y con la sabiduría de alentar a otros. Dios me ha dado la oportunidad de ayudar a restaurar matrimonios, de aconsejar a hijos rebeldes, de alentar a personas débiles y de instruir a muchos en el camino de la fe.

Bendeciré a Jehová en todo tiempo; Su alabanza estará de continuo en mi boca. En Jehová se gloriará mi alma; Lo oirán los mansos, y se alegrarán. Engrandeced a Jehová conmigo, y exaltemos a una su nombre. Busque a Jehová, y él me oyó, y me libro de todos mis temores.

Los que miraron a él fueron alumbrados, y sus rostros no fueron avergonzados. Este pobre clamó, y le oyó Jehová, y le libro de todas sus angustias. El ángel de Jehová acampa alrededor de los que le temen, y los defiende. Gustad y ved que es bueno Jehová; Dichoso el hombre que confía en él.

Salmo 34: 1-8

Este pasaje me enseñó a bendecir y alabar a Jehová en todo tiempo; En tiempo de salud y en tiempo de enfermedad, en tiempo de abundancia y en tiempo de escases, en tiempo de gozo y en tiempo de tristeza... No importan las circunstancias, nuestra alabanza a Dios no debe depender de nuestras circunstancias. En 2da de Crónicas, el capítulo 20, vemos que Dios comenzó a destruir al enemigo, cuando el pueblo comenzó a cantar y alabar a Jehová; y es que la alabanza es un arma poderosa. En medio de la prueba, el enemigo está esperando que de nuestra boca salgan quejas y lamentos, pero cuando en vez de eso, de nuestra boca sale alabanza y adoración a Dios, el enemigo huye avergonzado, entonces Dios se glorifica. La alabanza en medio de las pruebas ha sido mi mayor arma de guerra.

"yo no soy de aquellos que a la primera flecha dan vuelta atrás, declaro; soy de aquellos que ha paso de vencedor pelean con valor.

Yo soy guerrero del ejército de Dios, Yo soy guerrero
y más que vencedor. Su sangre es mi escudo,
con el pelearé, A la guerra iré y ganaré."

Patty Tamares

Isaías 43: 1-3,7,10,11,15,18,19 y 25

Ahora, así dice Jehová, Creador tuyo, o Jacob, y Formador tuyo, oh Israel: No temas porque yo te redimí; te puse nombre, mío eres tú. Cuando pases por las aguas, yo estaré contigo; y si por los ríos, no te anegarán. Cuando pases por el fuego, no te quemarás, ni la llama arderá en ti. Porque yo Jehová, Dios tuyo, el Santo de Israel, Soy tu Salvador...

Todos los llamados de mi nombre; para gloria mía los he creado, los formé y los hice. Vosotros sois mis testigos, dice Jehová mi siervo que yo escogí, para que me conozcáis y creáis, y entendáis que yo mismo soy, antes de mí no fue formado dios, ni lo será después de mí. Yo, yo Jehová, y fuera de mí no hay quien salve. Yo Jehová, Santo vuestro, Creador de Israel, vuestro Rey.

No os acordéis de las cosas pasadas, ni traigáis a la memoria las cosas antiguas. He aquí que yo hago cosa nueva; pronto saldrá a luz; ¿no la conoceréis? Otra vez abriré caminos en el desierto, y ríos en la soledad. Yo, yo soy el que borro tus rebeliones por amor de mí mismo, y no me acordaré de tus pecados.

Este pasaje, me enseñó a confiar, a no temer, a tener esa conciencia de que le pertenezco a Dios. Él es mi Creador, mi Rey, mi Redentor, mi todo y de toda prueba, me sacara en victoria, porque él está con nosotros en medio del proceso. ¡oh gloria a Dios que está conmigo siempre! El perdona todos nuestros pecados y promete no acordarse de ellos. Tampoco debemos estar recordando las cosas malas, los recuerdos que nos afligen o entristecen, debemos desecharlos.

Vivo cada día procurando ser hacedora de la palabra, de vivir por cada palabra que sale de la boca de Dios. Vivo confiada de saber que soy lo que Dios dice que soy. Mi Dios es fiel y todas sus promesas son fieles y verdaderas. ¡YO LE CREO A DIOS!

Me identifico con esta canción de Persis Melo y quiero dejarte las letras.

CON EL ALMA DOBLADA

Yo te alabo, aunque la higuera de mis fuerzas secándose esté.

Yo te alabo, aunque la tormenta arrecie o en el ojo de ella esté.

Yo te alabo porque sé que tú te pasearas en medio de ella,

Cuando toque la crisis a mi puerta, con alabanzas yo le haré la guerra.

Coro

Y es que tú estás donde se te alaba

Y donde habitas allí hay libertad

Yo te alabaré desde mis entrañas

Con el alma doblada te bendeciré.

Te voy a alabar Dios de mi esperanza

Y entre lágrimas voy a cantar

Yo danzaré aun en la batalla

con el alma doblada te bendeciré

Yo te alabo, aunque soplen fuertes vientos, con firmeza cruzaré

Yo te alabo, aunque ruja el enemigo a su rugir no temeré

Yo te alabo porque eres mi roca firme y fortaleza

Yo te alabo a pesar de los problemas y en la cima yo levantaré bandera.

coro

CONCLUSIÓN

Quiero concluir este libro haciendo una invitación a todos aquellos que lo leyeron y que aún no han entregado su vida al Señor, quiero decirles que:

He aquí ahora el tiempo aceptable;
he aquí ahora el día de salvación.

2da de Corintios 6:2b

Mas, ¿qué dice? Cerca de ti está la palabra, en tu boca y en tu corazón. Esta es la palabra de fe que predicamos: que si confesares con tu boca que Jesús es el Señor, y creyeres en tu corazón que Dios lo levantó de los muertos, serás salvo. Porque con el corazón se cree para justicia, pero con la boca se confiesa para salvación.

Romanos 10:8-10

Jesucristo es el único mediador entre Dios y los hombres, es el único camino de salvación, no hay otro nombre dado a los hombres en que podamos ser salvos. Solo teniendo a Cristo en nuestro corazón podemos disfrutar plenamente la vida, podemos tener la paz que sobrepasa todo entendimiento y tener gozo permanente en nuestro corazón. Te invito a que aceptes a Cristo como tu salvador hoy, porque mientras hay vida, hay esperanza y nadie tiene seguro el día de mañana.

A los que ya son creyentes, pero todavía no han tenido esa experiencia, esa vivencia con el Espíritu Santo, les motivo a que les pidan al Señor, a que dispongan su corazón a buscar la presencia de Dios y la llenura del Espíritu Santo. Así podrán testificar también de la grandeza y la gloria de Dios en sus vidas y en la de sus familias. Les invito a ser partícipes y no solo espectadores de las maravillas de nuestro Dios. Manteniendo puesto los ojos en Jesús, el autor y consumador de la fe.

Yo he visto tu fidelidad en mí, y he visto cosas que no comprendí. Hay belleza en lo que no puedo entender.
"Cristo eres tú".
Creo que eres asombroso Dios, con lo que te he visto hacer: Como no voy a creer. Creo que eres asombroso Dios, y tu sanas por amor, tus milagros puedo ver: Como no voy a creer.
Toda la gloria al que tiene el poder. "Cristo eres tú". Hacedor de milagros, Dios de maravillas: Como no voy a creer.
Yo lo he visto sanar, y al muerto resucitar. Lo he visto restaurar el cuerpo y dar renovación mental.
Vi familias restauradas, y los pródigos volver. He visto almas liberadas, las cadenas vi romper.
No me digas que él no puede, pues yo se que mi Dios puede.
No me digas que él no puede, pues yo se que el lo hará.

Cristine D' Clario y Edward Rivera.

AGRADECIMIENTOS

A Dios todopoderoso quien me escogió, me llamó, me salvó y se reveló a mi vida como Padre; instruyéndome, guiándome y disciplinándome para cumplir sus propósitos en mí.

A mis hijos: Josué Ángel, Gianna Liz, y José Isaac mis fuentes de inspiración, por haber recibido y conservado la instrucción que les di en los caminos del Señor. Por su amor, respeto, obediencia y apoyo hacia mí.

A mi madre Ramona Aquino; mi gran consorte en todo tiempo y quien infundió en mí el temor a Dios.

A mi esposo José Polanco, por dejarse guiar por Dios, por esforzarse por ser un esposo conforme a la palabra de Dios. Gracias por amarme, por soportarme, por cuidarme y apoyarme.

A mi primer pastor Roberto Payne, quien me indujo a servirle al Señor desde mi adolescencia y fue ejemplo de humildad y entrega a la obra de Dios.

A mis pastores Juan María Martínez y Úrsula de Martínez quienes confiaron en mi para ponerme al frente de diferentes ministerios y me dieron la oportunidad de crecer y madurar como sierva del Señor.

A la abuela de mis hijos, Ilsa Puello, y a mi cuñada Belkis Reyes, siempre estuvieron ahí en los momentos difíciles.

A mis amigas y hermanas en Cristo: Karen Castillo, Juani Pérez, Mirella Abreu, Dulce, Orquídea Arias, Iluminada Contreras, Madeline Mejía porque han sido instrumento que Dios ha usado para bendecirme.

A mi padre Eladio, a mis hermanas y hermanos: Marianela, Miurqui, Nancy, Rober, Tito, Gerson, Yoan, siempre han estado ahí para mí.

A mi pastor, Juan Radhames Fernández, quien me ha instruido en lo que es la vida del Reino, la vida en el Espíritu y me ha enseñado a través de sus mensajes, lo que es la verdadera adoración, de manera que quiero vivir para agradar a Dios en todas las áreas de mi vida.

A la pastora Suindá Melo y su familia, por recibirme como a un miembro más de su congregación y porque a través de su campamento de damas, "MUJERES RESILIENTES A PRUEBA DE TODO"; El Señor puso en mí la decisión de escribir este libro.

A cada una de las personas que menciono en este libro, que han sido testigos y muchas veces partícipes de mis procesos y de bendición y apoyo cuando los necesité.

Y de manera muy especial, agradezco a Maritza Mateo, fue a la primera persona que le comenté la idea de escribir un libro y ella me dio la motivación que necesitaba para hacerlo. Yo no tenía ni idea de como escribir un libro, pero ella me fue guiando de la mano, con paciencia, paso a paso hasta terminarlo. Sin ella no hubiese podido hacerlo.